# Kitajska kuhinja

Umetnost okusov iz daljnih dežel

Li Wong

# Povzetek

Piščanec z bambusovimi poganjki ... 9
Dušena šunka ... 10
Slanina z zeljem ... 11
Mandljev piščanec ... 12
Piščanec z mandlji in vodnimi kostanji ... 14
Piščanec z mandlji in zelenjavo ... 15
Piščanec z janežem ... 17
Piščanec z marelicami ... 19
Piščanec s šparglji ... 20
Jajčevec Piščanec ... 22
s slanino zavit piščanec ... 23
Piščanec s fižolovimi kalčki ... 24
Piščanec v omaki iz črnega fižola ... 25
Brokoli piščanec ... 27
Piščanec z zeljem in arašidi ... 29
Indijski piščanec ... 30
Piščanec s kostanjem ... 31
Začinjen piščanec s čilijem ... 32
Ocvrt piščanec s čilijem ... 35
kitajski piščanec ... 37
Piščančja jed mein ... 39
Hrustljavo ocvrt začinjen piščanec ... 41
Ocvrt piščanec s kumarami ... 43
Piščanec in čili curry ... 45
kitajski piščančji curry ... 47
Hitri piščančji curry ... 48
Krompirjev piščančji curry ... 49
Ocvrte piščančje krače ... 50
Ocvrt piščanec s curry omako ... 51
Piščanec "pijan" ... 52
Piščanec z jajci ... 54
Piščančji jajčni zvitki ... 56

Dušen piščanec z jajci .................................................................... 58
Daljni vzhodni piščanec ................................................................ 60
Piščanec Foo Yung ....................................................................... 62
Foo Yung šunka in piščanec ........................................................ 63
Ingverjev ocvrt piščanec .............................................................. 64
Ingverjev piščanec ....................................................................... 65
Ingverjev piščanec z gobami in kostanjem ................................. 66
zlati piščanec ................................................................................ 67
Marinirana zlata piščančja enolončnica ..................................... 68
Dušen piščanec s šunko .............................................................. 70
Piščanec s hoisin omako ............................................................. 71
Medeni piščanec .......................................................................... 73
Kung pao piščanec ....................................................................... 74
Piščanec s porom ......................................................................... 76
Piščanec z limono ........................................................................ 77
Piščanec, popečen z limono ....................................................... 79
Piščančja jetra z bambusovimi poganjki .................................... 81
Ocvrta piščančja jetra .................................................................. 82
Piščančja jetra z mangetutom ..................................................... 83
Piščančja jetra z rezanci .............................................................. 85
Piščančja jetra z ostrigovo omako .............................................. 86
Ananasova piščančja jetra ........................................................... 87
Sladko-kisla piščančja jetra ......................................................... 88
Piščanec z ličijem ......................................................................... 89
Piščanec z ličijevo omako ........................................................... 91
Piščanec z mange-toutom ........................................................... 93
Mango piščanec ........................................................................... 94
Piščanec in melona ...................................................................... 96
Piščanec in dušene gobe ............................................................ 97
Piščanec z gobami in arašidi ....................................................... 98
Piščanec, popečen z gobami .................................................... 100
Dušen piščanec z gobami ......................................................... 102
Čebulni piščanec ........................................................................ 103
Limonino pomarančni piščanec ................................................ 104
Piščanec z omako iz ostrig ........................................................ 105
Piščanec z arašidovim maslom ................................................. 106

Piščanec z grahom ............................................................. 108
Piščančji pekinezer ........................................................... 109
poper piščanec .................................................................. 110
Piščanec popečen s papriko.............................................. 112
Piščanec in ananas ........................................................... 114
Začinjena dušena svinjina ................................................ 116
Dušeni svinjski sendviči .................................................... 118
Svinjina z zeljem................................................................ 120
Svinjina z zeljem in paradižnikom .................................... 122
Marinirana svinjina z zeljem ............................................. 123
Svinjska zelena .................................................................. 125
Svinjina s kostanjem in gobami ....................................... 126
Svinjski kotlet Suey........................................................... 127
Svinjski Chow Mein .......................................................... 129
Pečen svinjski chow mein ................................................ 131
Chutney svinjina ............................................................... 132
Svinjska kumara ................................................................ 134
Paketi hrustljave svinjine.................................................. 135
jajčne svinjske zvitke........................................................ 136
Jajčni zvitki s svinjino in kozicami................................... 137
Dušena svinjina z jajci ...................................................... 138
ognjeni prašič .................................................................... 139
Ocvrti svinjski file ............................................................. 141
Svinjina s petimi začimbami ............................................ 142
Dušena dišeča svinjina ..................................................... 143
Svinjina z mletim česnom................................................. 145
Pražena svinjina z ingverjem............................................ 146
Svinjina s stročjim fižolom ............................................... 147
Svinjina s šunko in tofujem .............................................. 148
Ocvrta svinjska nabodala ................................................. 150
Dušena svinjska kolenica z rdečo omako........................ 151
marinirana svinjina............................................................ 153
Marinirani svinjski kotleti ................................................. 154
Svinjina z gobami .............................................................. 155
Parjena mesna pita ........................................................... 156
Svinjina, kuhana z gobami ............................................... 157

Svinjska palačinka z rezanci ... 158
Palačinka s svinjino in kozicami z rezanci ... 159
Svinjina v omaki iz ostrig ... 161
Svinjina z arašidi ... 162
Svinjina s papriko ... 164
Začinjena svinjina s kumaricami ... 165
Svinjina v slivovi omaki ... 167
Svinjina s kozicami ... 168
Svinjina, pečena v rdečem ... 169
Svinjina v rdeči omaki ... 170
Svinjina z riževimi rezanci ... 172
Bogate svinjske mesne kroglice ... 174
Pečeni svinjski kotleti ... 175
začinjena svinjina ... 176
Spolzke svinjske rezine ... 178
Svinjina s špinačo in korenjem ... 179
Dušena svinjina ... 180
Pražena svinjina ... 181
Svinjina s sladkim krompirjem ... 182
Sladko-kisla svinjina ... 184
Solena svinjina ... 186
Svinjina s tofujem ... 187
Mehka ocvrta svinjina ... 188
Dvakrat kuhana svinjina ... 189
svinjina z zelenjavo ... 189
Svinjina z orehi ... 192
Svinjski cmoki ... 193
Svinjina z vodnim kostanjem ... 194
Wonton iz svinjine in kozic ... 195
Parjene mlete mesne kroglice ... 196
Zarebrnice z omako iz črnega fižola ... 198
Rebrca na žaru ... 200
Javorjeva rebra na žaru ... 201
Ocvrta rebra ... 202
Zarebrnice s porom ... 203
Zarebrnice z gobami ... 205

*Oranžna rebra* ................................................................ *206*
*Ananasova rebra* ............................................................ *208*
*Hrustljava rebrca kozic* ................................................. *210*
*Rebrca v riževem vinu* ................................................... *211*
*Svinjski kotleti s sezamom* ............................................ *212*
*Sladko-kisla rebra* ......................................................... *214*
*Pražena rebra* ................................................................ *216*
*Zarebrnice s paradižnikom* ........................................... *217*
*BBQ svinjska pečenka* ................................................... *219*

*Piščanec z bambusovimi poganjki*

Za 4 osebe

*45 ml / 3 žlice arašidovega olja*
*1 strok česna, zdrobljen*
*1 mlada čebula (zelena čebula), sesekljana*
*1 rezina ingverjeve korenine, sesekljana*
*225 g piščančjih prsi, narezanih na kosmiče*
*225 g / 8 oz bambusovih poganjkov, kosmičev*
*45 ml / 3 žlice sojine omake*
*15 ml / 1 žlica riževega vina ali suhega šerija*
*5 ml / 1 žlička koruzne moke (koruznega škroba)*

Segrejte olje in na njem prepražite česen, mlado čebulo in ingver, da rahlo porjavijo. Dodajte piščanca in ga pražite 5 minut. Dodajte bambusove poganjke in pražite 2 minuti. Zmešajte sojino omako, vino ali šeri in koruzno moko ter pražite približno 3 minute, dokler ni piščanec kuhan.

*Dušena šunka*

Za 6-8 oseb

*900 g sveže šunke*

*30 ml / 2 žlici rjavega sladkorja*

*60 ml / 4 žlice riževega vina ali suhega šerija*

Šunko položimo v pekač na rešetko, pokrijemo in dušimo v vreli vodi približno 1 uro. Jedi dodamo sladkor in vino ali šeri, pokrijemo in kuhamo na pari eno uro ali dokler šunka ni kuhana. Pustite, da se ohladi v skledi, preden ga narežete.

*Slanina z zeljem*

Za 4 osebe

*4 rezine slanine, narezane, olupljene in narezane*
*2,5 ml / ½ žličke soli*
*1 rezina ingverjeve korenine, sesekljana*
*½ zelja, sesekljanega*
*75 ml / 5 žlic piščančje juhe*
*15 ml / 1 žlica ostrigine omake*

Slanino hrustljavo prepražimo, nato pa jo odstranimo iz ponve. Dodamo sol in ingver ter pražimo 2 minuti. Dodamo zelje in dobro premešamo, nato vmešamo slanino in dodamo juho, pokrijemo in dušimo približno 5 minut, da se zelje zmehča, a še rahlo hrustljavo. Vmešajte ostrigino omako, pokrijte in dušite 1 minuto, preden postrežete.

*Mandljev piščanec*

Za 4-6 oseb

*375 ml piščančje juhe*

*60 ml / 4 žlice riževega vina ali suhega šerija*

*45 ml / 3 žlice koruzne moke (koruznega škroba)*

*15 ml / 1 žlica sojine omake*

*4 piščančje prsi*

*1 beljak*

*2,5 ml / ½ žličke soli*

*olje za cvrtje*

*75 g / 3 oz / ½ skodelice blanširanih mandljev*

*1 velik korenček, narezan na kocke*

*5 ml / 1 čajna žlička naribane korenine ingverja*

*6 mladih čebul (zelena čebula), narezanih na rezine*

*3 narezane palčke zelene*

*100 g gob, narezanih*

*100 g / 4 oz bambusovih poganjkov, narezanih*

V ponvi zmešajte osnovo, polovico vina ali šerija, 30 ml/2 žlici koruzne moke in sojino omako. Med mešanjem zavremo, nato pa pustimo vreti 5 minut, dokler se zmes ne zgosti. Odstranite z ognja in hranite na toplem.

Piščancu odstranite kožo in kosti ter ga narežite na 1/1 cm velike kose. Vmešajte preostalo vino ali šeri in koruzno moko, jajčni beljak in sol, dodajte koščke piščanca in dobro premešajte. Segrejte olje in na njem po nekaj kosov piščanca približno 5 minut pražite do zlato rjave barve. Dobro odcedite. Iz ponve odstranite vse razen 30 ml / 2 žlici olja in mandlje pražite 2 minuti, dokler ne postanejo zlato rjavi. Dobro odcedite. V ponev dodamo korenček in ingver ter pražimo 1 minuto. Dodajte preostalo zelenjavo in pražite približno 3 minute, dokler ni zelenjava mehka, a še vedno hrustljava.

*Piščanec z mandlji in vodnimi kostanji*

Za 4 osebe

*6 posušenih kitajskih gob*
*4 kosi piščanca brez kosti*
*100 g sesekljanih mandljev*
*sol in sveže mlet poper*
*60 ml / 4 žlice arašidovega olja*
*100 g vodnega kostanja, narezanega*
*75 ml / 5 žlic piščančje juhe*
*30 ml / 2 žlici sojine omake*

Gobe za 30 minut namočimo v mlačno vodo, nato jih odcedimo. Odstranite peclje in narežite pokrovčke. Piščanca na tanko narežemo. Mandlje izdatno posolite in popoprajte ter z mandlji obložite rezine piščanca. Segrejte olje in prepražite piščanca, da rahlo porjavi. Dodamo gobe, vodni kostanj, juho in sojino omako, zavremo, pokrijemo in dušimo nekaj minut, da se piščanec skuha.

*Piščanec z mandlji in zelenjavo*

*Za 4 osebe*

*75 ml / 5 žlic arašidovega olja*

*4 rezine korenine ingverja, sesekljane*

*5 ml / 1 žlička soli*

*100 g kitajskega zelja, sesekljanega*

*50 g / 2 oz bambusovih poganjkov, narezanih na kocke*

*50 g gob narežemo na kocke*

*2 stebli zelene, narezani na kocke*

*3 vodni kostanji, narezani na kocke*

*120 ml / 4 fl oz / ½ skodelice piščančje juhe*

*225 g piščančjih prsi, narezanih na kocke*

*15 ml / 1 žlica riževega vina ali suhega šerija*

*50 g snežnega graha*

*100 g praženih narezanih mandljev*

*10 ml / 2 žlički koruzne moke (koruznega škroba)*

*15 ml / 1 žlica vode*

Segrejte polovico olja in na njem 30 sekund dušite ingver in sol. Dodamo zelje, bambusove poganjke, gobe, zeleno in vodni kostanj ter pražimo 2 minuti. Prilijemo juho, zavremo, pokrijemo in pustimo vreti 2 minuti. Odstranite zelenjavo in omako iz ponve. Segrejte preostalo olje in piščanca pražite 1 minuto. Dodajte vino ali šeri in pražite 1 minuto. Zelenjavo vrnemo v ponev s kavko in mandlji ter dušimo 30 sekund. Koruzni zdrob in vodo zmešamo v pasto, vmešamo v omako in med mešanjem dušimo, dokler se omaka ne zgosti.

## Piščanec z janežem

Za 4 osebe

*75 ml / 5 žlic arašidovega olja*
*2 čebuli, sesekljani*
*1 strok česna, sesekljan*
*2 rezini sesekljane korenine ingverja*
*15 ml / 1 žlica navadne moke (za vse namene)*
*30 ml / 2 žlici karija v prahu*
*450 g na kocke narezanega piščanca*
*15 ml / 1 žlica sladkorja*
*30 ml / 2 žlici sojine omake*
*450 ml / ¾ qt / 2 skodelici piščančje juhe*
*2 stroka zvezdastega janeža*
*225 g krompirja, narezanega na kocke*

Segrejte polovico olja in na njem prepražite čebulo, da rahlo porjavi, nato pa jo odstranite iz ponve. Segrejte preostalo olje in na njem 30 sekund dušite česen in ingver. Vmešajte moko in kari ter kuhajte 2 minuti. Čebulo vrnite v ponev, dodajte piščanca in ga pražite 3 minute. Dodamo sladkor, sojino omako, juho in janež, zavremo, pokrijemo in pustimo vreti 15 minut. Dodamo krompir, ponovno zavremo, pokrijemo in dušimo še 20 minut, dokler se ne zmehča.

## Piščanec z marelicami

Za 4 osebe

*4 kosi piščanca*

*sol in sveže mlet poper*

*ščepec mletega ingverja*

*60 ml / 4 žlice arašidovega olja*

*225 g konzerviranih marelic, prepolovljenih*

*300 ml / ½ pt / 1¼ skodelice sladko-kisle omake*

*30 ml / 2 žlici naribanih mandljev, opečenih*

Piščanca začinimo s soljo, poprom in ingverjem. Segrejte olje in prepražite piščanca, da rahlo porjavi. Pokrijte in kuhajte približno 20 minut, dokler se ne zmehča, občasno obrnite. Odcedite olje. V lonec dodajte marelice in omako, zavrite, pokrijte in pustite vreti približno 5 minut ali dokler se ne segreje. Okrasite z narezanimi mandlji.

*Piščanec s šparglji*

Za 4 osebe

*45 ml / 3 žlice arašidovega olja*

*5 ml / 1 žlička soli*

*1 strok česna, zdrobljen*

*1 mlada čebula (zelena čebula), sesekljana*

*1 piščančja prsa, narezana*

*30 ml / 2 žlici omake iz črnega fižola*

*350 g špargljev, narezanih na 2,5 cm/1 kose*

*120 ml / 4 fl oz / ½ skodelice piščančje juhe*

*5 ml / 1 žlička sladkorja*

*15 ml / 1 žlica koruzne moke (koruznega škroba)*

*45 ml / 3 žlice vode*

Segrejte polovico olja in na njem prepražite sol, česen in mlado čebulo, da rahlo porjavijo. Dodajte piščanca in pražite, dokler rahlo ne porjavi. Dodajte omako iz črnega fižola in premešajte, da prekrijete piščanca. Dodamo šparglje, juho in sladkor, zavremo, pokrijemo in dušimo 5 minut, dokler se piščanec ne zmehča. Zmešajte koruzno moko in vodo, dokler ne dobite paste, vmešajte v ponev in med mešanjem kuhajte, dokler se omaka ne zbistri in zgosti.

*Jajčevec Piščanec*

Za 4 osebe

*225 g narezanega piščanca*
*15 ml / 1 žlica sojine omake*
*15 ml / 1 žlica riževega vina ali suhega šerija*
*15 ml / 1 žlica koruzne moke (koruznega škroba)*
*1 jajčevec (jajčevec), olupljen in narezan na trakove*
*30 ml / 2 žlici arašidovega olja*
*2 posušena rdeča čilija*
*2 stroka česna, zdrobljena*
*75 ml / 5 žlic piščančje juhe*

Piščanca damo v skledo. Zmešajte sojino omako, vino ali šeri in koruzno moko, vmešajte v piščanca in pustite stati 30 minut. Jajčevce blanširajte v vreli vodi 3 minute, nato jih dobro odcedite. Segrejte olje in popecite papriko do zlato rjave barve, nato jo odstranite in zavrzite. Dodajte česen in piščanca ter pražite, dokler ni rahlo obarvano. Dodajte juho in jajčevce, zavrite, pokrijte in med občasnim mešanjem kuhajte 3 minute.

s slanino zavit piščanec

Za 4-6 oseb

*225 g na kocke narezanega piščanca*

*30 ml / 2 žlici sojine omake*

*15 ml / 1 žlica riževega vina ali suhega šerija*

*5 ml / 1 žlička sladkorja*

*5 ml / 1 čajna žlička sezamovega olja*

*sol in sveže mlet poper*

*225 g trakov slanine*

*1 jajce, rahlo stepeno*

*100 g navadne moke (za vse namene)*

*olje za cvrtje*

*4 paradižniki, narezani*

Piščanca zmešajte s sojino omako, vinom ali šerijem, sladkorjem, sezamovim oljem, soljo in poprom. Pokrijte in marinirajte 1 uro, občasno premešajte, nato odstranite piščanca in zavrzite marinado. Slanino narežemo na koščke in jo ovijemo okoli piščančjih kock. Jajca stepamo z moko, dokler ne dobimo goste paste, po potrebi dodajamo malo mleka. Kocke pomočite v maso. Segrejte olje in prepražite kocke do zlato rjave in pečene. Postrezite okrašeno s češnjevimi paradižniki.

*Piščanec s fižolovimi kalčki*

Za 4 osebe
45 ml / 3 žlice arašidovega olja
1 strok česna, zdrobljen
1 mlada čebula (zelena čebula), sesekljana
1 rezina ingverjeve korenine, sesekljana
225 g piščančjih prsi, narezanih na kosmiče
225 g fižolovih kalčkov
45 ml / 3 žlice sojine omake
15 ml / 1 žlica riževega vina ali suhega šerija
5 ml / 1 žlička koruzne moke (koruznega škroba)

Segrejte olje in na njem prepražite česen, mlado čebulo in ingver, da rahlo porjavijo. Dodajte piščanca in ga pražite 5 minut. Dodamo fižolove kalčke in pražimo 2 minuti. Zmešajte sojino omako, vino ali šeri in koruzno moko ter pražite približno 3 minute, dokler ni piščanec kuhan.

*Piščanec v omaki iz črnega fižola*

Za 4 osebe

*30 ml / 2 žlici arašidovega olja*

*5 ml / 1 žlička soli*

*30 ml / 2 žlici omake iz črnega fižola*

*2 stroka česna, zdrobljena*

*450 g / 1 funt piščanca, narezanega na kocke*

*250 ml / 8 fl oz / 1 skodelica juhe*

*1 zelena paprika, narezana na kocke*

*1 čebula, sesekljana*

*15 ml / 1 žlica sojine omake*

*sveže mlet poper*

*15 ml / 1 žlica koruzne moke (koruznega škroba)*

*45 ml / 3 žlice vode*

Segrejte olje in na njem 30 sekund pražite sol, črni fižol in česen. Dodajte piščanca in pražite, dokler rahlo ne porjavi. Zalijemo z juho, zavremo, pokrijemo in pustimo vreti 10 minut. Dodamo papriko, čebulo, sojino omako in poper, pokrijemo in dušimo še 10 minut. Koruzni zdrob in vodo zmešajte v pasto, vmešajte v omako in med mešanjem dušite, da se omaka zgosti in piščanec zmehča.

*Brokoli piščanec*

Za 4 osebe

*450 g / 1 funt piščančjega mesa, narezanega na kocke*

*225 g piščančjih jeter*

*45 ml / 3 žlice navadne moke (za vse namene)*

*45 ml / 3 žlice arašidovega olja*

*1 čebula, narezana na kocke*

*1 rdeča paprika, narezana na kocke*

*1 zelena paprika, narezana na kocke*

*225 g cvetov brokolija*

*4 rezine ananasa, narezanega na kocke*

*30 ml / 2 žlici paradižnikove omake (testenine)*

*30 ml / 2 žlici hoisin omake*

*30 ml / 2 žlici medu*

*30 ml / 2 žlici sojine omake*

*300 ml / ½ pt / 1 ¼ skodelice piščančje juhe*

*10 ml / 2 žlički sezamovega olja*

Piščanca in piščančja jetra stresemo v moko. Segrejemo olje in pražimo jetrca 5 minut, nato jih odstranimo iz ponve. Dodamo piščanca, pokrijemo in na zmernem ognju med občasnim mešanjem dušimo 15 minut. Dodajte zelenjavo in ananas ter pražite 8 minut. Jetrca vrnemo v vok, dodamo ostale sestavine in zavremo. Med mešanjem dušimo, dokler se omaka ne zgosti.

*Piščanec z zeljem in arašidi*

Za 4 osebe

45 ml / 3 žlice arašidovega olja

30 ml / 2 žlici arašidov

450 g / 1 funt piščanca, narezanega na kocke

½ zelja, narezanega na kvadratke

15 ml / 1 žlica omake iz črnega fižola

2 rdeči papriki, sesekljani

5 ml / 1 žlička soli

Segrejte malo olja in na njem med stalnim mešanjem nekaj minut pražite arašide. Odstranite, odcedite in pretlačite. Segrejte preostalo olje in na njem prepražite piščanca in zelje, da rahlo porjavita. Odstranite iz ponve. Dodajte omako iz črnega fižola in čili ter pražite 2 minuti. Piščanca in zelje vrnemo v ponev z zdrobljenimi arašidi in posolimo. Med mešanjem pražimo, dokler ni vroče, nato pa takoj postrežemo.

*Indijski piščanec*

Za 4 osebe

*30 ml / 2 žlici sojine omake*
*30 ml / 2 žlici koruzne moke (koruzni škrob)*
*15 ml / 1 žlica riževega vina ali suhega šerija*
*350 g na kocke narezanega piščanca*
*45 ml / 3 žlice arašidovega olja*
*2,5 ml / ½ žličke soli*
*2 stroka česna, zdrobljena*
*225 g narezanih gob*
*100 g vodnega kostanja, narezanega*
*100 g / 4 oz bambusovih poganjkov*
*50 g snežnega graha*
*225 g / 8 oz / 2 skodelici indijskih oreščkov*
*300 ml / ½ pt / 1¼ skodelice piščančje juhe*

Zmešajte sojino omako, koruzni zdrob in vino ali šeri, s tem prelijte piščanca, pokrijte in pustite, da se marinira vsaj 1 uro. Segrejte 30 ml / 2 žlici olja s soljo in česnom ter pražite, dokler česen rahlo ne porjavi. Dodajte piščanca z marinado in pražite 2 minuti, dokler piščanec rahlo ne porjavi. Dodajte gobe, vodni kostanj, bambusove poganjke in grah ter pražite 2 minuti.

Medtem v ločeni ponvi segrejemo preostalo olje in na majhnem ognju nekaj minut pražimo indijske oreščke, da zlato zarumenijo. Dodamo jih v ponev z juho, zavremo, pokrijemo in kuhamo 5 minut.

*Piščanec s kostanjem*

Za 4 osebe

*225 g narezanega piščanca*
*5 ml / 1 žlička soli*
*15 ml / 1 žlica sojine omake*
*olje za cvrtje*
*250 ml / 8 fl oz / 1 skodelica piščančje juhe*
*200 g sesekljanega vodnega kostanja*
*225 g sesekljanega kostanja*
*225 g gob, narezanih na četrtine*
*15 ml / 1 žlica sesekljanega svežega peteršilja*

Piščanca potresemo s soljo in sojino omako ter jo dobro vtremo v piščanca. Olje segrejemo in piščanca zlato ocvremo, nato odstranimo in odcedimo. Piščanca damo v ponev z juho, zavremo in pustimo vreti 5 minut. Dodamo vodni kostanj, kostanj in gobe, pokrijemo in dušimo približno 20 minut, da se zmehčajo. Postrežemo okrašeno s peteršiljem.

*Začinjen piščanec s čilijem*

Za 4 osebe

*350 g / 1 funt piščančjega mesa, narezanega na kocke*

*1 jajce, rahlo stepeno*

*10 ml / 2 žlički sojine omake*

*2,5 ml / ½ žličke koruzne moke (koruznega škroba)*

*olje za cvrtje*

*1 zelena paprika, narezana na kocke*

*4 stroki česna, strti*

*2 rdeči papriki, sesekljani*

*5 ml / 1 čajna žlička sveže mletega popra*

*5 ml / 1 čajna žlička vinskega kisa*

*5 ml / 1 čajna žlička vode*

*2,5 ml / ½ žličke sladkorja*

*2,5 ml / ½ žličke čilijevega olja*

*2,5 ml / ½ žličke sezamovega olja*

Piščanca zmešajte z jajcem, polovico sojine omake in koruznim škrobom ter pustite stati 30 minut. Olje segrejemo in piščanca zlato ocvremo, nato ga dobro odcedimo. Vlijemo vse olje razen 15 ml / 1 žlico iz ponve, dodamo poper, česen in čili ter pražimo 30 sekund. Dodamo poper, vinski kis, vodo in sladkor ter pražimo 30 sekund. Piščanca vrnite v ponev in ga nekaj minut pražite, dokler ni kuhan. Postrežemo poškropljeno s čilijem in sezamovim oljem.

*Ocvrt piščanec s čilijem*

Za 4 osebe

*225 g narezanega piščanca*

*2,5 ml / ½ žličke sojine omake*

*2,5 ml / ½ žličke sezamovega olja*

*2,5 ml / ½ žličke riževega vina ali suhega šerija*

*5 ml / 1 žlička koruzne moke (koruznega škroba)*

*sol*

*45 ml / 3 žlice arašidovega olja*

*100 g špinače*

*4 mlade čebule (zelena čebula), sesekljane*

*2,5 ml / ½ žličke čilija v prahu*

*15 ml / 1 žlica vode*

*1 paradižnik, narezan*

Piščanca prelijemo s sojino omako, sezamovim oljem, vinom ali šerijem, polovico koruzne moke in ščepcem soli. Pustimo stati 30 minut. Segrejte 15 ml / 1 žlica olja in popecite piščanca, da rahlo porjavi. Odstranite iz voka. Segrejte 15 ml / 1 žlica olja in prepražite špinačo, dokler se ne zmehča, nato pa jo odstranite iz voka. Segrejte preostalo olje in na njem 2 minuti pražite mlado čebulo, čili v prahu, vodo in preostalo koruzno moko. Primešamo piščanca in na hitro podušimo. Špinačo razporedimo po toplem servirnem krožniku, okrasimo s piščancem in postrežemo s paradižniki.

## kitajski piščanec

Za 4 osebe

*100 g / 4 oz kitajskih listov, narezanih*

*100 g / 4 oz bambusovih poganjkov, narezanih na trakove*

*60 ml / 4 žlice arašidovega olja*

*3 mlade čebule (zelena čebula), narezane na rezine*

*2 stroka česna, zdrobljena*

*1 rezina ingverjeve korenine, sesekljana*

*225 g piščančjih prsi, narezanih na trakove*

*45 ml / 3 žlice sojine omake*

*15 ml / 1 žlica riževega vina ali suhega šerija*

*5 ml / 1 žlička soli*

*2,5 ml / ½ žličke sladkorja*

*sveže mlet poper*

*15 ml / 1 žlica koruzne moke (koruznega škroba)*

Liste porcelana in bambusove poganjke blanširajte v vreli vodi 2 minuti. Odcedite in posušite. Segrejte 45 ml / 3 žlice olja in prepražite čebulo, česen in ingver, dokler rahlo ne porjavijo. Dodamo piščanca in pražimo 4 minute. Odstranite iz ponve. Segrejte preostalo olje in zelenjavo pražite 3 minute. Dodajte piščanca, sojino omako, vino ali šeri, sol, sladkor in ščepec popra ter pražite 1 minuto. Koruzni zdrob zmešamo z malo vode, dodamo omaki in med mešanjem dušimo toliko časa, da se omaka zbistri in zgosti.

*Piščančja jed mein*

Za 4 osebe

*30 ml / 2 žlici arašidovega olja*

*2 stroka česna, zdrobljena*

*450 g / 1 funt piščanca, narezanega*

*225 g / 8 oz bambusovih poganjkov, narezanih*

*100 g narezane zelene*

*225 g narezanih gob*

*450 ml / ¾ qt / 2 skodelici piščančje juhe*

*225 g fižolovih kalčkov*

*4 čebule, narezane na četrtine*

*30 ml / 2 žlici sojine omake*

*30 ml / 2 žlici koruzne moke (koruzni škrob)*

*225 g / 8 oz posušenih kitajskih rezancev*

Segrejte olje s česnom, da rahlo porjavi, nato dodajte piščanca in pražite 2 minuti, da rahlo porjavi. Dodajte bambusove poganjke, zeleno in gobe ter pražite 3 minute. Prilijemo večino juhe, zavremo, pokrijemo in pustimo vreti 8 minut. Dodamo fižolove kalčke in čebulo ter med mešanjem dušimo 2 minuti, dokler ne ostane le malo juhe. Preostalo juho zmešajte s sojino omako in koruzno moko. Dodajte v ponev in med mešanjem dušite, dokler se omaka ne zbistri in zgosti.

Medtem kuhajte rezance v slani vreli vodi nekaj minut, v skladu z navodili na embalaži. Dobro odcedimo, začinimo s piščančjo mešanico in takoj postrežemo.

### Hrustljavo ocvrt začinjen piščanec

Za 4 osebe

*450 g / 1 lb piščančjega mesa, narezanega na kose*

*30 ml / 2 žlici sojine omake*

*30 ml / 2 žlici slivove omake*

*45 ml / 3 žlice mangovega čatnija*

*1 strok česna, zdrobljen*

*2,5 ml / ½ žličke mletega ingverja*

*nekaj kapljic žganja*

*30 ml / 2 žlici koruzne moke (koruzni škrob)*

*2 stepena jajca*

*100 g / 4 oz / 1 skodelica posušenih drobtin*

*30 ml / 2 žlici arašidovega olja*

*6 mladih čebul (zelena čebula), sesekljanih*

*1 rdeča paprika, narezana na kocke*

*1 zelena paprika, narezana na kocke*

*30 ml / 2 žlici sojine omake*

*30 ml / 2 žlici medu*

*30 ml / 2 žlici vinskega kisa*

Piščanca damo v skledo. Zmešajte omake, čatni, česen, ingver in konjak, prelijte piščanca, pokrijte in pustite marinirati 2 uri.

Piščanca odcedimo in potresemo s koruznim zdrobom. Dodamo jajca in nato drobtine. Olje segrejemo in piščanca zlato rjavo popečemo. Odstranite iz ponve. Dodamo zelenjavo in pražimo 4 minute, nato odstranimo. Iz ponve odlijemo olje, nato vrnemo piščanca in zelenjavo v ponev s preostalimi sestavinami. Pred serviranjem zavrite in ponovno segrejte.

*Ocvrt piščanec s kumarami*

Za 4 osebe

*225 g piščančjega mesa*

*1 beljak*

*2,5 ml / ½ žličke koruzne moke (koruznega škroba)*

*sol*

*½ kumare*

*30 ml / 2 žlici arašidovega olja*

*100 g šampinjonov*

*50 g / 2 oz bambusovih poganjkov, narezanih na trakove*

*50 g šunke, narezane na kocke*

*15 ml / 1 žlica vode*

*2,5 ml / ½ žličke soli*

*2,5 ml / ½ žličke riževega vina ali suhega šerija*

*2,5 ml / ½ žličke sezamovega olja*

Piščanca zdrobimo in narežemo na kose. Zmešamo z beljakom, koruznim zdrobom in soljo ter pustimo stati. Kumaro po dolžini prerežemo na pol in jo diagonalno narežemo na debele rezine. Segrejte olje in prepražite piščanca, da rahlo porjavi, nato pa ga odstranite iz ponve. Dodajte kumare in bambusove poganjke ter pražite 1 minuto.

Piščanca vrnite v ponev s šunko, vodo, soljo in vinom ali šerijem. Zavremo in pustimo vreti, dokler se piščanec ne zmehča. Postrezite pokapano s sezamovim oljem.

*Piščanec in čili curry*

Za 4 osebe

*120 ml / 4 fl oz / ½ skodelice arašidovega olja*
*4 kosi piščanca*
*1 čebula, sesekljana*
*5 ml / 1 čajna žlička karija v prahu*
*5 ml / 1 žlička čilijeve omake*
*15 ml / 1 žlica riževega vina ali suhega šerija*
*2,5 ml / ½ žličke soli*
*600 ml / 1 čajna žlička / 2½ skodelice piščančje juhe*
*15 ml / 1 žlica koruzne moke (koruznega škroba)*
*45 ml / 3 žlice vode*
*5 ml / 1 čajna žlička sezamovega olja*

Olje segrejemo in na njem na obeh straneh popečemo kose piščanca, da porjavijo, nato jih poberemo iz ponve. Dodajte čebulo, kari in čili omako ter pražite 1 minuto. Dodamo vino ali šeri in sol, dobro premešamo, nato vrnemo piščanca v ponev in ponovno premešamo. Prilijemo juho, zavremo in pustimo vreti približno 30 minut, dokler se piščanec ne zmehča. Če se omaka ni dovolj zredčila, dodajte koruzni škrob in vodo v pasto, malo dodajte omaki in med mešanjem dušite, dokler se omaka ne zgosti. Postrezite pokapano s sezamovim oljem.

## kitajski piščančji curry

Za 4 osebe

*45 ml / 3 žlice karija v prahu*
*1 čebula, narezana*
*350 g na kocke narezanega piščanca*
*150 ml / ¼ pt / velikodušne ½ skodelice piščančje juhe*
*5 ml / 1 žlička soli*
*10 ml / 2 žlički koruzne moke (koruznega škroba)*
*15 ml / 1 žlica vode*

Kari in čebulo segrevajte v suhi ponvi 2 minuti, ponev stresajte, da prekrijete čebulo. Dodajte piščanca in premešajte, dokler ni dobro prekrito s curryjem. Prilijemo juho in sol, zavremo, pokrijemo in dušimo približno 5 minut, da se piščanec zmehča. Zmešajte koruzni zdrob in vodo, dokler ne dobite paste, vmešajte v lonec in med mešanjem dušite, dokler se omaka ne zgosti.

*Hitri piščančji curry*

Za 4 osebe

*450 g piščančjih prsi, narezanih na kocke*
*45 ml / 3 žlice riževega vina ali suhega šerija*
*50 g koruzne moke (koruznega škroba)*
*1 beljak*
*sol*
*150 ml / ¼ pt / velikodušne ½ skodelice arašidovega olja*
*15 ml / 1 žlica karija v prahu*
*10 ml / 2 žlički rjavega sladkorja*
*150 ml / ¼ pt / velikodušne ½ skodelice piščančje juhe*

Zmešajte piščančje kocke in šeri. Prihranite 10 ml / 2 čajni žlički koruzne moke. Jajčni beljak stepemo s preostalo koruzno moko in ščepcem soli, nato dodamo k piščancu, da se dobro prekrije. Segrejte olje in prepražite piščanca, dokler ni pečen in zlato rjav. Odstranite iz ponve in odcedite vse razen 15 ml/1 žlico olja. Vmešajte prihranjeno koruzno moko, kari in sladkor ter pražite 1 minuto. Prilijemo juho, zavremo in ob stalnem mešanju kuhamo toliko časa, da se omaka zgosti. Piščanca vrnite v ponev, premešajte in segrejte, preden ga postrežete.

*Krompirjev piščančji curry*

Za 4 osebe

45 ml / 3 žlice arašidovega olja

2,5 ml / ½ žličke soli

1 strok česna, zdrobljen

750 g na kocke narezanega piščanca

225 g na kocke narezanega krompirja

4 čebule, narezane na četrtine

15 ml / 1 žlica karija v prahu

450 ml / ¾ qt / 2 skodelici piščančje juhe

225 g narezanih gob

Segrejte olje s soljo in česnom, dodajte piščanca in ga pražite, da rahlo porjavi. Dodamo krompir, čebulo in kari ter pražimo 2 minuti. Prilijemo juho, zavremo, pokrijemo in med občasnim mešanjem dušimo, dokler ni piščanec kuhan, približno 20 minut. Dodamo gobe, odstranimo pokrov in dušimo še 10 minut, da se tekočina zmanjša.

*Ocvrte piščančje krače*

*Za 4 osebe*
*2 veliki piščančji bedri, brez kosti*
*2 mladi čebuli (šalotka)*
*1 rezina ingverja, pretlačena*
*120 ml / 4 fl oz / ½ skodelice sojine omake*
*5 ml / 1 čajna žlička riževega vina ali suhega šerija*
*olje za cvrtje*
*5 ml / 1 čajna žlička sezamovega olja*
*sveže mlet poper*

Razporedite piščančjo kašo in jo razrežite. 1 mlado čebulo pretlačimo, drugo pa sesekljamo. Zmešajte pire zelene čebule z ingverjem, sojino omako in vinom ali šerijem. Prelijemo preko piščanca in mariniramo 30 minut. Odstranite in odcedite. Razporedite po krožniku na rešetki in kuhajte na pari 20 minut.

Segrejte olje in piščanca pražite približno 5 minut do zlato rjave barve. Odstranite iz ponve, dobro odcedite in narežite na debele rezine, nato pa rezine razporedite po toplem servirnem krožniku. Segrejemo sezamovo olje, dodamo nasekljan drobnjak in poper, prelijemo piščanca in postrežemo.

## Ocvrt piščanec s curry omako

Za 4 osebe

*1 jajce, rahlo stepeno*

*30 ml / 2 žlici koruzne moke (koruzni škrob)*

*25 g / 1 oz / ¼ skodelice navadne moke (za vse namene)*

*2,5 ml / ½ žličke soli*

*225 g na kocke narezanega piščanca*

*olje za cvrtje*

*30 ml / 2 žlici arašidovega olja*

*30 ml / 2 žlici karija v prahu*

*60 ml / 4 žlice riževega vina ali suhega šerija*

Jajce stepamo s koruznim škrobom, moko in soljo, dokler ne dobimo goste paste. Prelijemo čez piščanca in dobro premešamo, da se prekrije. Segrejte olje in piščanca prepražite do zlato rjave barve in pečenosti. Medtem segrejte olje in pražite curry 1 minuto. Vmešajte vino ali šeri in zavrite. Piščanca položimo na topel krožnik in ga prelijemo s curry omako.

### Piščanec "pijan"

Za 4 osebe

*450 g piščančjega fileja, narezanega na koščke*
*60 ml / 4 žlice sojine omake*
*30 ml / 2 žlici hoisin omake*
*30 ml / 2 žlici slivove omake*
*30 ml / 2 žlici vinskega kisa*
*2 stroka česna, zdrobljena*
*ščepec soli*
*nekaj kapljic čilijevega olja*
*2 beljaka*
*60 ml / 4 žlice koruzne moke (koruzni škrob)*
*olje za cvrtje*
*200 ml / ½ pt / 1¼ skodelice riževega vina ali suhega šerija*

Piščanca damo v skledo. Zmešamo omake in vinski kis, česen, sol in poper olje, prelijemo preko piščanca in mariniramo v hladilniku 4 ure. Iz beljakov stepemo trd sneg in ga vmešamo v koruzno moko. Piščanca vzamemo iz marinade in premažemo z beljakovo mešanico. Segrejte olje in prepražite piščanca, dokler ni pečen in zlato rjav. Dobro odcedimo na vpojnem papirju in damo v skledo. Dodamo vino ali šeri, pokrijemo in mariniramo v hladilniku 12 ur. Piščanca vzamemo iz vina in postrežemo hladnega.

*Piščanec z jajci*

Za 4 osebe

*30 ml / 2 žlici arašidovega olja*
*4 kosi piščanca*
*2 mladi čebuli (zelena čebula), sesekljani*
*1 strok česna, zdrobljen*
*1 rezina ingverjeve korenine, sesekljana*
*175 ml / 6 fl oz / ¾ skodelice sojine omake*
*30 ml / 2 žlici riževega vina ali suhega šerija*
*30 ml / 2 žlici rjavega sladkorja*
*5 ml / 1 žlička soli*
*375 ml / 13 fl oz / 1½ skodelice vode*
*4 trdo kuhana jajca (kuhana)*
*15 ml / 1 žlica koruzne moke (koruznega škroba)*

Segrejte olje in na njem zlato rjavo popecite kose piščanca. Dodamo mlado čebulo, česen in ingver ter pražimo 2 minuti. Dodamo sojino omako, vino ali šeri, sladkor in sol ter dobro premešamo. Prilijemo vodo in zavremo, pokrijemo in pustimo vreti 20 minut. Dodamo trdo kuhana jajca, pokrijemo in kuhamo še 15 minut. Koruzni zdrob zmešamo z malo vode, dodamo omaki in med mešanjem dušimo toliko časa, da se omaka zbistri in zgosti.

*Piščančji jajčni zvitki*

Za 4 osebe

*4 posušene kitajske gobe*

*100 g piščanca narezanega na trakove*

*5 ml / 1 žlička koruzne moke (koruznega škroba)*

*15 ml / 1 žlica sojine omake*

*2,5 ml / ½ žličke soli*

*2,5 ml / ½ žličke sladkorja*

*60 ml / 4 žlice arašidovega olja*

*225 g fižolovih kalčkov*

*3 mlade čebule (zelena čebula), sesekljane*

*100 g špinače*

*12 spomladanskih zavitkov*

*1 jajce, pretepeno*

*olje za cvrtje*

Gobe za 30 minut namočimo v mlačno vodo, nato jih odcedimo. Odstranite peclje in sesekljajte pokrovčke. Piščanca damo v skledo. Koruzno moko zmešajte s 5 ml/1 čajno žličko sojine omake, soljo in sladkorjem ter vmešajte v piščanca. Pustimo stati 15 minut. Segrejte polovico olja in prepražite piščanca, da rahlo porjavi. Fižolove kalčke blanširajte v vreli vodi 3 minute, nato jih odcedite. Segrejte preostalo olje in na njem prepražite mlado čebulo, da rahlo porjavi. Vmešajte gobe, fižolove kalčke, špinačo in preostalo sojino omako. Dodajte piščanca in ga pražite 2 minuti. Naj se ohladi. Na sredino vsake kože položite malo nadeva in robove namažite s stepenim jajcem. Zavihajte na straneh, nato zvijte spomladanske zvitke, robove zaprite z jajcem. Segrejte olje in popecite spomladanske zavitke, da hrustljavo in zlato porumenijo.

*Dušen piščanec z jajci*

Za 4 osebe

30 ml / 2 žlici arašidovega olja

4 fileje piščančjih prsi, narezane na trakove

1 rdeča paprika, narezana na trakove

1 zelena paprika, narezana na trakove

45 ml / 3 žlice sojine omake

45 ml / 3 žlice riževega vina ali suhega šerija

250 ml / 8 fl oz / 1 skodelica piščančje juhe

100 g sesekljane solate ledenke

5 ml / 1 čajna žlička rjavega sladkorja

30 ml / 2 žlici hoisin omake

sol in poper

15 ml / 1 žlica koruzne moke (koruznega škroba)

30 ml / 2 žlici vode

4 jajca

30 ml / 2 žlici šerija

Segrejte olje in prepražite piščanca in papriko do zlato rjave barve. Dodamo sojino omako, vino ali šeri in osnovo, zavremo, pokrijemo in pustimo vreti 30 minut. Dodamo solato, sladkor in omako hoisin ter začinimo s soljo in poprom. Zmešajte koruzni škrob in vodo, dodajte omaki in med mešanjem zavrite. Jajca stepemo s šerijem in jih ocvremo kot redke omlete. Potresemo s soljo in poprom ter narežemo na trakove. Razporedimo v toplo servirno posodo in z žlico prelijemo piščanca.

*Daljni vzhodni piščanec*

Za 4 osebe

60 ml / 4 žlice arašidovega olja

450 g / 1 lb piščančjega mesa, narezanega na kose

2 stroka česna, zdrobljena

2,5 ml / ½ žličke soli

2 čebuli, sesekljani

2 kosa nasekljanega pecljatega ingverja

45 ml / 3 žlice sojine omake

30 ml / 2 žlici hoisin omake

45 ml / 3 žlice riževega vina ali suhega šerija

300 ml / ½ pt / 1¼ skodelice piščančje juhe

5 ml / 1 čajna žlička sveže mletega popra

6 trdo kuhanih jajc (kuhanih), sesekljanih

15 ml / 1 žlica koruzne moke (koruznega škroba)

15 ml / 1 žlica vode

Olje segrejemo in piščanca zlato rjavo popečemo. Dodamo česen, sol, čebulo in ingver ter pražimo 2 minuti. Dodajte sojino omako, omako hoisin, vino ali šeri, juho in poper.

Zavremo, pokrijemo in pustimo vreti 30 minut. Dodajte jajca. Zmešajte koruzni zdrob in vodo ter vmešajte v omako. Zavremo in med mešanjem kuhamo, dokler se omaka ne zgosti.

*Piščanec Foo Yung*

Za 4 osebe

*6 jajc, pretepenih*

*45 ml / 3 žlice koruzne moke (koruznega škroba)*

*100 g gob, grobo narezanih*

*225 g piščančjih prsi, narezanih na kocke*

*1 čebula, drobno sesekljana*

*5 ml / 1 žlička soli*

*45 ml / 3 žlice arašidovega olja*

Stepite jajca in dodajte koruzni zdrob. Vmešajte vse ostale sestavine razen olja. Segrejte olje. Zmes postopoma vlivamo v ponev, da dobimo majhne palačinke premera približno 7,5 cm. Kuhajte, dokler ni spodnja stran zlato rjave barve, nato obrnite in pecite drugo stran.

*Foo Yung šunka in piščanec*

Za 4 osebe

*6 jajc, pretepenih*
*45 ml / 3 žlice koruzne moke (koruznega škroba)*
*100 g šunke, narezane na kocke*
*225 g piščančjih prsi, narezanih na kocke*
*3 mlade čebule (zelena čebula), drobno sesekljane*
*5 ml / 1 žlička soli*
*45 ml / 3 žlice arašidovega olja*

Stepite jajca in dodajte koruzni zdrob. Vmešajte vse ostale sestavine razen olja. Segrejte olje. Zmes postopoma vlivamo v ponev, da dobimo majhne palačinke premera približno 7,5 cm. Kuhajte, dokler ni spodnja stran zlato rjave barve, nato obrnite in pecite drugo stran.

*Ingverjev ocvrt piščanec*

Za 4 osebe

*1 piščanec, prerezan na pol*
*4 rezine korenine ingverja, zdrobljene*
*30 ml / 2 žlici riževega vina ali suhega šerija*
*30 ml / 2 žlici sojine omake*
*5 ml / 1 žlička sladkorja*
*olje za cvrtje*

Piščanca položite v plitvo skledo. Zmešajte ingver, vino ali šeri, sojino omako in sladkor, prelijte čez piščanca in vtrite v kožo. Pustite marinirati 1 uro. Segrejte olje in piščanca po polovici naenkrat popražite, da rahlo porjavi. Odstranite iz olja in pustite, da se nekoliko ohladi, medtem ko olje segrevate. Piščanca vrnite v ponev in pražite, dokler ne porjavi in se skuha. Pred serviranjem dobro odcedimo.

## Ingverjev piščanec

Za 4 osebe

*225 g piščanca, narezanega na tanke rezine*

*1 beljak*

*ščepec soli*

*2,5 ml / ½ žličke koruzne moke (koruznega škroba)*

*15 ml / 1 žlica arašidovega olja*

*10 rezin ingverjeve korenine*

*6 gob, prepolovljenih*

*1 korenček, narezan*

*2 mladi čebuli (zelena čebula), narezani na rezine*

*5 ml / 1 čajna žlička riževega vina ali suhega šerija*

*5 ml / 1 čajna žlička vode*

*2,5 ml / ½ žličke sezamovega olja*

Piščanca zmešamo z beljakom, soljo in koruzno moko. Segrejte polovico olja in prepražite piščanca, da rahlo porjavi, nato ga odstranite iz ponve. Segrejte preostanek olja in na njem 3 minute pražite ingver, gobe, korenček in mlado čebulo. Piščanca vrnite v ponev z vinom ali šerijem in vodo ter dušite, dokler se piščanec ne zmehča. Postrezite pokapano s sezamovim oljem.

*Ingverjev piščanec z gobami in kostanjem*

Za 4 osebe

60 ml / 4 žlice arašidovega olja

225 g narezane čebule

450 g / 1 funt piščančjega mesa, narezanega na kocke

100 g gob, narezanih

30 ml / 2 žlici navadne moke (za vse namene)

60 ml / 4 žlice sojine omake

10 ml / 2 žlički sladkorja

sol in sveže mlet poper

900 ml / 1 ½ pt / 3 ¾ skodelice vroče vode

2 rezini sesekljane korenine ingverja

450 g vodnega kostanja

Segrejte polovico olja in na njem 3 minute pražite čebulo, nato jo odstranite iz ponve. Segrejte preostalo olje in prepražite piščanca, da rahlo porjavi.

Dodamo gobe in kuhamo 2 minuti. Mešanico potresemo z moko, nato dodamo sojino omako, sladkor, sol in poper. Prilijemo vodo in ingver, čebulo in kostanj. Zavremo, pokrijemo in pustimo vreti 20 minut. Odstranite pokrov in dušite, dokler se omaka ne reducira.

*zlati piščanec*

Za 4 osebe

*8 majhnih kosov piščanca*
*300 ml / ½ pt / 1¼ skodelice piščančje juhe*
*45 ml / 3 žlice sojine omake*
*15 ml / 1 žlica riževega vina ali suhega šerija*
*5 ml / 1 žlička sladkorja*
*1 narezana korenina ingverja, sesekljana*

Vse sestavine dajte v večjo ponev, zavrite, pokrijte in kuhajte približno 30 minut, dokler ni piščanec pečen. Odstranite pokrov in dušite, dokler se omaka ne reducira.

## Marinirana zlata piščančja enolončnica

Za 4 osebe

*4 kosi piščanca*

*300 ml / ½ pt / 1 ¼ skodelice sojine omake*

*olje za cvrtje*

*4 mlade čebule (zelena čebula), narezane na debele rezine*

*1 rezina ingverjeve korenine, sesekljana*

*2 rdeči papriki, narezani*

*3 janeževi stroki*

*50 g / 2 oz bambusovih poganjkov, narezanih*

*150 ml / 1 ½ pt / velikodušne ½ skodelice piščančje juhe*

*30 ml / 2 žlici koruzne moke (koruzni škrob)*

*60 ml / 4 žlice vode*

*5 ml / 1 čajna žlička sezamovega olja*

Piščanca narežemo na velike kose in ga 10 minut mariniramo v sojini omaki. Odstranite in odcedite, sojino omako pa prihranite. Segrejte olje in pražite piščanca približno 2 minuti, da rahlo porjavi. Odstranite in odcedite. Prilijemo vse razen 30 ml / 2 žlici olja, nato dodamo mlado čebulo, ingver, čili in zvezdasti janež ter pražimo 1 minuto. Piščanca vrnite v ponev skupaj z bambusovimi poganjki in prihranjeno sojino omako ter dodajte ravno toliko juhe, da pokrije piščanca. Zavremo in pustimo vreti približno 10 minut, dokler se piščanec ne zmehča. Piščanca vzamemo iz omake z žlico z režami in ga položimo na topel servirni krožnik. Omako precedite in vrnite v ponev. Zmešajte koruzni zdrob in

*Dušen piščanec s šunko*

Za 4 osebe

*4 porcije piščanca*
*100 g prekajene šunke, sesekljane*
*3 mlade čebule (zelena čebula), sesekljane*
*15 ml / 1 žlica arašidovega olja*
*sol in sveže mlet poper*
*15 ml / 1 žlica ploščatega peteršilja*

Piščančje dele narežite na 5 cm/1 kose in jih položite v skledo pečice s šunko in mlado čebulo. Pokapljamo z oljem in začinimo s soljo in poprom, nato pa sestavine nežno premešamo. Skledo postavite na rešetko v soparniku, pokrijte in kuhajte na pari nad vrelo vodo približno 40 minut, dokler se piščanec ne zmehča. Postrežemo okrašeno s peteršiljem.

*Piščanec s hoisin omako*

Za 4 osebe

*4 porcije razpolovljenega piščanca*
*50 g / 2 oz / ½ skodelice koruznega zdroba (koruznega škroba)*
*olje za cvrtje*
*10 ml / 2 žlički naribane korenine ingverja*
*2 čebuli, sesekljani*
*225 g cvetov brokolija*
*1 rdeča paprika, sesekljana*
*225 g šampinjonov*
*250 ml / 8 fl oz / 1 skodelica piščančje juhe*
*45 ml / 3 žlice riževega vina ali suhega šerija*
*45 ml / 3 žlice jabolčnega kisa*
*45 ml / 3 žlice hoisin omake*
*20 ml / 4 žličke sojine omake*

Kose piščanca na polovici obložimo s koruznim zdrobom. Segrejte olje in pražite piščančje koščke po nekaj približno 8 minut, dokler niso zlato rjavi in pečeni. Odstranite iz ponve in odcedite na papirnati brisači. Iz ponve odstranite vse razen 30 ml / 2 žlici olja in ingver pražite 1 minuto. Dodamo čebulo in pražimo 1 minuto. Dodamo brokoli, papriko in gobe ter pražimo 2 minuti. Zmešajte juho s prihranjeno koruzno moko in preostalimi sestavinami ter prelijte v ponev. Med mešanjem zavremo in kuhamo toliko časa, da se omaka zbistri. Piščanca vrnite v vok in ga med mešanjem kuhajte, dokler se ne segreje, približno 3 minute.

*Medeni piščanec*

Za 4 osebe

*30 ml / 2 žlici arašidovega olja*

*4 kosi piščanca*

*30 ml / 2 žlici sojine omake*

*120 ml / 4 fl oz / ½ skodelice riževega vina ali suhega šerija*

*30 ml / 2 žlici medu*

*5 ml / 1 žlička soli*

*1 mlada čebula (zelena čebula), sesekljana*

*1 rezina ingverjeve korenine, drobno sesekljana*

Segrejte olje in piščanca popecite z vseh strani, da porjavi. Odvečno olje odcedimo. Preostale sestavine zmešamo in vlijemo v ponev. Zavremo, pokrijemo in pustimo vreti približno 40 minut, dokler ni piščanec kuhan.

*Kung pao piščanec*

Za 4 osebe

*450 g na kocke narezanega piščanca*

*1 beljak*

*5 ml / 1 žlička soli*

*30 ml / 2 žlici koruzne moke (koruzni škrob)*

*60 ml / 4 žlice arašidovega olja*

*25 g posušenega rdečega čilija, olupljenega*

*5 ml / 1 žlička mletega česna*

*15 ml / 1 žlica sojine omake*

*15 ml / 1 žlica riževega vina ali suhega šerija 5 ml / 1 žlica sladkorja*

*5 ml / 1 čajna žlička vinskega kisa*

*5 ml / 1 čajna žlička sezamovega olja*

*30 ml / 2 žlici vode*

Piščanca damo v skledo z beljakom, soljo in polovico koruznega škroba ter mariniramo 30 minut. Segrejte olje in na njem prepražite piščanca, da rahlo porjavi, nato ga odstranite iz ponve. Segrejte olje in na njem 2 minuti pražite papriko in česen. Piščanca vrnite v ponev s sojino omako, vinom ali šerijem, sladkorjem, vinskim kisom in sezamovim oljem ter pražite 2 minuti. Preostalo koruzno moko zmešajte z vodo, premešajte v ponvi in med mešanjem kuhajte, dokler se omaka ne zbistri in zgosti.

*Piščanec s porom*

Za 4 osebe

*30 ml / 2 žlici arašidovega olja*
*5 ml / 1 žlička soli*
*225 g narezanega pora*
*1 rezina ingverjeve korenine, sesekljana*
*225 g piščanca, narezanega na tanke rezine*
*15 ml / 1 žlica riževega vina ali suhega šerija*
*15 ml / 1 žlica sojine omake*

Segrejte polovico olja in na njem prepražite sol in por, da rahlo porjavi, nato ju odstranite iz ponve. Segrejte preostalo olje in prepražite ingver in piščanca, da rahlo porjavita. Dodajte vino ali šeri in sojino omako ter pražite še 2 minuti, dokler ni piščanec pečen. Por vrnite v ponev in mešajte, dokler se ne segreje. Postrezite takoj.

*Piščanec z limono*

Za 4 osebe

*4 piščančje prsi brez kosti*
*2 jajci*
*50 g / 2 oz / ½ skodelice koruznega zdroba (koruznega škroba)*
*50 g / 2 oz / ½ skodelice navadne moke (za vse namene)*
*150 ml / ¼ pt / obilo ½ skodelice vode*
*arašidovo (arašidovo) olje za cvrtje*
*250 ml / 8 fl oz / 1 skodelica piščančje juhe*
*60 ml / 5 žlic limoninega soka*
*30 ml / 2 žlici riževega vina ali suhega šerija*
*30 ml / 2 žlici koruzne moke (koruzni škrob)*
*30 ml / 2 žlici paradižnikove omake (testenine)*
*1 glava zelene solate*

Vsako piščančjo prso razrežite na 4 kose. Stepite jajca, koruzni škrob in 00 moko ter dodajte ravno toliko vode, da dobite gosto testo. Kose piščanca dajte v testo in premetavajte, dokler ni popolnoma prekrito. Segrejte olje in piščanca prepražite do zlato rjave barve in pečenosti.

Medtem zmešajte juho, limonin sok, vino ali šeri, koruzno moko in paradižnikovo mezgo ter med mešanjem rahlo segrevajte, dokler mešanica ne zavre. Med nenehnim mešanjem dušimo toliko časa, da se omaka zgosti in zbistri. Piščanca razporedimo po toplem servirnem krožniku na posteljico iz solatnih listov in ga prelijemo z omako ali postrežemo zraven.

*Piščanec, popečen z limono*

Za 4 osebe

*450 g / 1 lb piščanca brez kosti, narezanega*
*30 ml / 2 žlici limoninega soka*
*15 ml / 1 žlica sojine omake*
*15 ml / 1 žlica riževega vina ali suhega šerija*
*30 ml / 2 žlici koruzne moke (koruzni škrob)*
*30 ml / 2 žlici arašidovega olja*
*2,5 ml / ½ žličke soli*
*2 stroka česna, zdrobljena*
*50 g vodnega kostanja, narezanega na trakove*
*50 g / 2 oz bambusovih poganjkov, narezanih na trakove*
*nekaj kitajskih listov, narezanih na trakove*
*60 ml / 4 žlice piščančje juhe*
*15 ml / 1 žlica paradižnikove mezge (testenine)*
*15 ml / 1 žlica sladkorja*
*15 ml / 1 žlica limoninega soka*

Piščanca damo v skledo. Zmešajte limonin sok, sojino omako, vino ali šeri in 15 ml/1 žlico koruzne moke, prelijte čez piščanca in marinirajte 1 uro, občasno premešajte.

Segrejte olje, sol in česen, dokler česen rahlo ne porjavi, nato dodajte piščanca in marinado ter pražite približno 5 minut, da se piščanec rahlo zapeče. Dodajte vodni kostanj, bambusove poganjke in kitajske liste ter pražite še 3 minute ali dokler ni piščanec ravno kuhan. Dodamo preostale sestavine in pražimo približno 3 minute, da se omaka zbistri in zgosti.

*Piščančja jetra z bambusovimi poganjki*

Za 4 osebe

*225 g piščančjih jeter, narezanih na debele rezine*
*45 ml / 3 žlice riževega vina ali suhega šerija*
*45 ml / 3 žlice arašidovega olja*
*15 ml / 1 žlica sojine omake*
*100 g / 4 oz bambusovih poganjkov, narezanih*
*100 g vodnega kostanja, narezanega*
*60 ml / 4 žlice piščančje juhe*
*sol in sveže mlet poper*

Piščančja jetra zmešajte z vinom ali šerijem in pustite stati 30 minut. Segrejte olje in popecite piščančja jetrca, da rahlo porjavijo. Dodajte marinado, sojino omako, bambusove poganjke, vodni kostanj in juho. Zavremo ter začinimo s soljo in poprom. Pokrijte in dušite približno 10 minut, dokler se ne zmehča.

*Ocvrta piščančja jetra*

Za 4 osebe

*450 g / 1 lb piščančjih jeter, prepolovljenih*
*50 g / 2 oz / ½ skodelice koruznega zdroba (koruznega škroba)*
*olje za cvrtje*

Piščančja jetra osušite, nato jih potresite s koruzno moko in otresite odvečno količino. Segrejte olje in pražite piščančja jetrca nekaj minut, da zlato porjavijo in se zapečejo. Pred serviranjem odcedite na vpojnem papirju.

## Piščančja jetra z mangetutom

Za 4 osebe

225 g piščančjih jeter, narezanih na debele rezine
10 ml / 2 žlički koruzne moke (koruznega škroba)
10 ml / 2 žlički riževega vina ali suhega šerija
15 ml / 1 žlica sojine omake
45 ml / 3 žlice arašidovega olja
2,5 ml / ½ žličke soli
2 rezini korenine ingverja, sesekljani
100 g snežnega graha
10 ml / 2 žlički koruzne moke (koruznega škroba)
60 ml / 4 žlice vode

Piščančja jetrca damo v skledo. Dodajte koruzno moko, vino ali šeri in sojino omako ter dobro premešajte, da se prekrije. Segrejte polovico olja in prepražite sol in ingver, da rahlo porjavita. Dodajte kavko in pražite, dokler ni dobro prekrita z oljem, nato pa jo odstranite iz ponve. Segrejte preostalo olje in pražite piščančja jetra 5 minut, dokler niso pečena. Zmešajte koruzno moko in vodo, dokler ne dobite paste, vmešajte v ponev in med mešanjem kuhajte, dokler se omaka ne zbistri in zgosti. Vrnite tigra v ponev in dušite, dokler ni vroč.

*Piščančja jetra z rezanci*

Za 4 osebe

*30 ml / 2 žlici arašidovega olja*

*1 čebula, narezana*

*450 g / 1 lb piščančjih jeter, prepolovljenih*

*2 palčki zelene, narezani na rezine*

*120 ml / 4 fl oz / ½ skodelice piščančje juhe*

*15 ml / 1 žlica koruzne moke (koruznega škroba)*

*15 ml / 1 žlica sojine omake*

*30 ml / 2 žlici vode*

*palačinka z rezanci*

Segrejte olje in na njem prepražite čebulo do mehkega. Dodamo piščančja jetra in pražimo do zlato rjave barve. Dodamo zeleno in pražimo 1 minuto. Prilijemo juho, zavremo, pokrijemo in pustimo vreti 5 minut. Zmešajte koruzno moko, sojino omako in vodo, dokler ne nastane pasta, premešajte v ponvi in med mešanjem kuhajte, dokler se omaka ne zbistri in zgosti. Mešanico prelijemo po pekaču za pito in postrežemo.

*Piščančja jetra z ostrigovo omako*

Za 4 osebe

45 ml / 3 žlice arašidovega olja

1 čebula, sesekljana

225 g piščančjih jeter, prepolovljenih

100 g gob, narezanih

30 ml / 2 žlici ostrigine omake

15 ml / 1 žlica sojine omake

15 ml / 1 žlica riževega vina ali suhega šerija

120 ml / 4 fl oz / ½ skodelice piščančje juhe

5 ml / 1 žlička sladkorja

15 ml / 1 žlica koruzne moke (koruznega škroba)

45 ml / 3 žlice vode

Segrejte polovico olja in prepražite čebulo, dokler ni mehka. Dodamo piščančja jetra in pražimo, da se le obarvajo. Dodamo gobe in pražimo 2 minuti. Zmešajte ostrigino omako, sojino omako, vino ali šeri, osnovo in sladkor, prelijte v ponev in med mešanjem zavrite. Zmešajte koruzni zdrob in vodo, dokler ne nastane pasta, jo dodajte v ponev in med mešanjem dušite, dokler se omaka ne zbistri in zgosti in jetra niso mehka.

*Ananasova piščančja jetra*

Za 4 osebe

*225 g piščančjih jeter, prepolovljenih*
*45 ml / 3 žlice arašidovega olja*
*30 ml / 2 žlici sojine omake*
*15 ml / 1 žlica koruzne moke (koruznega škroba)*
*15 ml / 1 žlica sladkorja*
*15 ml / 1 žlica vinskega kisa*
*sol in sveže mlet poper*
*100 g ananasa na koščke*
*60 ml / 4 žlice piščančje juhe*

Piščančja jetra blanširajte v vreli vodi 30 sekund, nato jih odcedite. Segrejte olje in na njem 30 sekund pražite piščančja jetrca. Zmešajte sojino omako, koruzni škrob, sladkor, vinski kis, sol in poper, prelijte v ponev in dobro premešajte, da prekrijete piščančja jetra. Dodajte koščke ananasa in juho ter pražite približno 3 minute, dokler se jetra ne skuhajo.

*Sladko-kisla piščančja jetra*

Za 4 osebe

*30 ml / 2 žlici arašidovega olja*
*450 g / 1 lb piščančjih jeter, na četrtine*
*2 zeleni papriki, narezani na koščke*
*4 rezine konzerviranega ananasa, narezane na koščke*
*60 ml / 4 žlice piščančje juhe*
*30 ml / 2 žlici koruzne moke (koruzni škrob)*
*10 ml / 2 žlički sojine omake*
*100 g / 4 oz / ½ skodelice sladkorja*
*120 ml / 4 fl oz / ½ skodelice vinskega kisa*
*120 ml / 4 fl oz / ½ skodelice vode*

Segrejte olje in na njem popecite jetrca, da rahlo porjavijo, nato pa jih preložite na topel servirni krožnik. V ponev dodajte papriko in jo pražite 3 minute. Dodajte ananas in juho, zavrite, pokrijte in pustite vreti 15 minut. Preostale sestavine zmešajte v pasto, premešajte v ponvi in med mešanjem kuhajte, dokler se omaka ne zgosti. Prelijemo čez piščančja jetra in postrežemo.

*Piščanec z ličijem*

Za 4 osebe

*3 piščančje prsi*
*60 ml / 4 žlice koruzne moke (koruzni škrob)*
*45 ml / 3 žlice arašidovega olja*
*5 mladih čebul (zelena čebula), narezanih na rezine*
*1 rdeča paprika, narezana na koščke*
*120 ml / 4 fl oz / ½ skodelice paradižnikove omake*
*120 ml / 4 fl oz / ½ skodelice piščančje juhe*
*5 ml / 1 žlička sladkorja*
*275 g / 10 oz olupljenih ličijev*

Piščančje prsi prerežite na pol in odstranite ter zavrzite kosti in kožo. Vsako prso razrežite na 6 kosov. Prihranite 5 ml / 1 čajno žličko koruzne moke in na preostalem dušite piščanca, dokler ni dobro prevlečen. Segrejte olje in pražite piščanca približno 8 minut, dokler ni zlato rjav. Dodamo mlado čebulo in papriko ter pražimo 1 minuto. Zmešajte paradižnikovo omako, polovico juhe in sladkor ter vmešajte v vok k ličiju. Zavremo, pokrijemo in pustimo vreti približno 10 minut, dokler ni piščanec kuhan. Vmešajte prihranjeno koruzno moko in juho, nato pa vmešajte v lonec. Med mešanjem dušimo, dokler se omaka ne zbistri in zgosti.

*Piščanec z ličijevo omako*

Za 4 osebe

*225 g piščanca*

*1 mlada čebula (šalotka)*

*4 vodni kostanj*

*30 ml / 2 žlici koruzne moke (koruzni škrob)*

*45 ml / 3 žlice sojine omake*

*30 ml / 2 žlici riževega vina ali suhega šerija*

*2 beljaka*

*olje za cvrtje*

*400 g konzerviranega ličija v sirupu*

*5 žlic piščančje juhe*

Piščanca z mlado čebulo in vodnim kostanjem sesekljajte (zmletite). Zmešajte polovico koruznega zdroba, 30 ml / 2 žlici sojine omake, vino ali šeri in sneg iz beljakov. Zmes oblikujemo v kroglice v velikosti oreha. Olje segrejemo in piščanca zlato rjavo popečemo. Odcedimo na papirnatih brisačah.

Medtem rahlo segrejte ličijev sirup s prihranjeno juho in sojino omako. Preostalo koruzno moko zmešamo z malo vode, stresemo v ponev in med mešanjem dušimo toliko časa, da se omaka zbistri in zgosti. Vmešajte liči in dušite, da se segreje. Piščanca položimo na topel servirni krožnik, prelijemo z ličijem in omako ter takoj postrežemo.

*Piščanec z mange-toutom*

Za 4 osebe

*225 g piščanca, narezanega na tanke rezine*
*5 ml / 1 žlička koruzne moke (koruznega škroba)*
*5 ml / 1 čajna žlička riževega vina ali suhega šerija*
*5 ml / 1 čajna žlička sezamovega olja*
*1 beljak, rahlo stepen*
*45 ml / 3 žlice arašidovega olja*
*1 strok česna, zdrobljen*
*1 rezina ingverjeve korenine, sesekljana*
*100 g snežnega graha*
*120 ml / 4 fl oz / ½ skodelice piščančje juhe*
*sol in sveže mlet poper*

Piščanca zmešajte s koruzno moko, vinom ali šerijem, sezamovim oljem in jajčnim beljakom. Segrejte polovico olja in prepražite česen in ingver, da rahlo porjavita. Dodajte piščanca in ga pražite, dokler ne porjavi, nato pa ga odstranite iz ponve. Segrejte preostalo olje in kavko pražite 2 minuti. Prilijemo juho, zavremo, pokrijemo in pustimo vreti 2 minuti. Piščanca vrnite v ponev in ga začinite s soljo in poprom. Pustite vreti, dokler se ne segreje.

*Mango piščanec*

Za 4 osebe

100 g / 4 oz / 1 skodelica navadne moke (za vse namene)
250 ml / 8 fl oz / 1 skodelica vode
2,5 ml / ½ žličke soli
ščepec pecilnega praška
3 piščančje prsi
olje za cvrtje
1 rezina ingverjeve korenine, sesekljana
150 ml / ¼ pt / velikodušne ½ skodelice piščančje juhe
45 ml / 3 žlice vinskega kisa
45 ml / 3 žlice riževega vina ali suhega šerija
20 ml / 4 žličke sojine omake
10 ml / 2 žlički sladkorja
10 ml / 2 žlički koruzne moke (koruznega škroba)
5 ml / 1 čajna žlička sezamovega olja
5 mladih čebul (zelena čebula), narezanih na rezine
400 g konzerviranega manga, odcejenega in narezanega na trakove

Moko, vodo, sol in kvas stepemo. Pustimo stati 15 minut. Odstranite in zavrzite kožo in kosti s piščanca. Piščanca narežemo na tanke trakove. Dodajte jih mešanici moke. Segrejte olje in piščanca pražite približno 5 minut do zlato rjave barve. Odstranite iz ponve in odcedite na papirnati brisači. Iz voka odstranite vse razen 15 ml / 1 žlico olja in prepražite ingver, dokler rahlo ne porjavi. Juho zmešajte z vinskim kisom, vinom ali šerijem, sojino omako, sladkorjem, koruzno moko in sezamovim oljem. Dodajte v ponev in med mešanjem zavrite. Dodamo mlado čebulo in dušimo 3 minute. Dodajte piščanca in mango ter med mešanjem dušite 2 minuti.

*Piščanec in melona*

Za 4 osebe

*350 g piščančjega mesa*
*6 vodnih kostanjev*
*2 olušceni pokrovači*
*4 rezine ingverjeve korenine*
*5 ml / 1 žlička soli*
*15 ml / 1 žlica sojine omake*
*600 ml / 1 čajna žlička / 2½ skodelice piščančje juhe*
*8 majhnih ali 4 srednje velike melone*

Piščanca, kostanj, pokrovače in ingver drobno sesekljajte in zmešajte s soljo, sojino omako in juho. Odrežite vrh melon in poberite semena. Odžagajte zgornje robove. Melone napolnite s piščančjo mešanico in jih postavite na žar v sopari. Kuhajte na pari nad vrelo vodo 40 minut, dokler ni piščanec kuhan.

*Piščanec in dušene gobe*

Za 4 osebe

*45 ml / 3 žlice arašidovega olja*
*1 strok česna, zdrobljen*
*1 mlada čebula (zelena čebula), sesekljana*
*1 rezina ingverjeve korenine, sesekljana*
*225 g piščančjih prsi, narezanih na kosmiče*
*225 g šampinjonov*
*45 ml / 3 žlice sojine omake*
*15 ml / 1 žlica riževega vina ali suhega šerija*
*5 ml / 1 žlička koruzne moke (koruznega škroba)*

Segrejte olje in na njem prepražite česen, mlado čebulo in ingver, da rahlo porjavijo. Dodajte piščanca in ga pražite 5 minut. Dodamo gobe in pražimo 3 minute. Dodajte sojino omako, vino ali šeri in koruzni zdrob ter pražite približno 5 minut, dokler ni piščanec kuhan.

*Piščanec z gobami in arašidi*

Za 4 osebe

30 ml / 2 žlici arašidovega olja

2 stroka česna, zdrobljena

1 rezina ingverjeve korenine, sesekljana

450 g / 1 lb piščanca brez kosti, narezanega na kocke

225 g šampinjonov

100 g / 4 oz bambusovih poganjkov, narezanih na trakove

1 zelena paprika, narezana na kocke

1 rdeča paprika, narezana na kocke

250 ml / 8 fl oz / 1 skodelica piščančje juhe

30 ml / 2 žlici riževega vina ali suhega šerija

15 ml / 1 žlica sojine omake

15 ml / 1 žlica omake Tabasco

30 ml / 2 žlici koruzne moke (koruzni škrob)

30 ml / 2 žlici vode

Segrejte olje, česen in ingver, dokler česen rahlo ne porjavi. Dodajte piščanca in pražite, dokler rahlo ne porjavi. Dodajte gobe, bambusove poganjke in papriko ter pražite 3 minute. Dodajte juho, vino ali šeri, sojino omako in omako Tabasco ter med mešanjem zavrite. Pokrijte in dušite približno 10 minut, dokler ni piščanec popolnoma kuhan. Zmešajte koruzni škrob in vodo ter ju dodajte omaki. Med mešanjem dušimo, dokler se omaka ne zbistri in zgosti, če je omaka pregosta, dolijemo še malo jušne osnove ali vode.

*Piščanec, popečen z gobami*

Za 4 osebe

*6 posušenih kitajskih gob*
*1 piščančja prsa, narezana na tanke rezine*
*1 rezina ingverjeve korenine, sesekljana*
*2 mladi čebuli (zelena čebula), sesekljani*
*15 ml / 1 žlica koruzne moke (koruznega škroba)*
*15 ml / 1 žlica riževega vina ali suhega šerija*
*30 ml / 2 žlici vode*
*2,5 ml / ½ žličke soli*
*45 ml / 3 žlice arašidovega olja*
*225 g narezanih gob*
*100 g fižolovih kalčkov*
*15 ml / 1 žlica sojine omake*
*5 ml / 1 žlička sladkorja*
*120 ml / 4 fl oz / ½ skodelice piščančje juhe*

Gobe za 30 minut namočimo v mlačno vodo, nato jih odcedimo. Odstranite peclje in narežite pokrovčke. Piščanca damo v skledo. Zmešajte ingver, mlado čebulo, koruzno moko, vino ali šeri, vodo in sol, vmešajte piščanca in pustite stati 1 uro. Segrejte polovico olja in prepražite piščanca, da rahlo porjavi, nato ga odstranite iz ponve. Segrejte preostalo olje in na njem 3 minute pražite posušene sveže gobe in fižolove kalčke. Dodajte sojino omako, sladkor in juho, zavrite, pokrijte in kuhajte 4 minute, dokler se zelenjava ravno ne zmehča. Piščanca vrnite v ponev, dobro premešajte in pred serviranjem rahlo segrejte.

*Dušen piščanec z gobami*

Za 4 osebe

*4 kosi piščanca*
*30 ml / 2 žlici koruzne moke (koruzni škrob)*
*30 ml / 2 žlici sojine omake*
*3 mlade čebule (zelena čebula), sesekljane*
*2 rezini sesekljane korenine ingverja*
*2,5 ml / ½ žličke soli*
*100 g gob, narezanih*

Kose piščanca narežite na 5 cm/2 cm velike kose in jih položite v sklede, neprepustno za pečico. Zmešajte koruzno moko in sojino omako, dokler ne nastane pasta, vmešajte mlado čebulo, ingver in sol ter dobro premešajte s piščancem. Nežno vmešajte gobe. Skledo postavite na rešetko v soparniku, pokrijte in kuhajte na pari nad vrelo vodo približno 35 minut, dokler se piščanec ne zmehča.

## Čebulni piščanec

Za 4 osebe

*60 ml / 4 žlice arašidovega olja*
*2 čebuli, sesekljani*
*450 g / 1 funt piščanca, narezanega*
*30 ml / 2 žlici riževega vina ali suhega šerija*
*250 ml / 8 fl oz / 1 skodelica piščančje juhe*
*45 ml / 3 žlice sojine omake*
*30 ml / 2 žlici koruzne moke (koruzni škrob)*
*45 ml / 3 žlice vode*

Segrejte olje in na njem prepražite čebulo, da rahlo porjavi. Dodajte piščanca in pražite, dokler rahlo ne porjavi. Dodajte vino ali šeri, juho in sojino omako, zavrite, pokrijte in dušite 25 minut, dokler se piščanec ne zmehča. Koruzni zdrob in vodo zmešajte v pasto, vmešajte v ponev in med mešanjem kuhajte, dokler se omaka ne zbistri in zgosti.

*Limonino pomarančni piščanec*

Za 4 osebe

*350 g / 1 lb piščančjega mesa, narezanega na trakove*
*30 ml / 2 žlici arašidovega olja*
*2 stroka česna, zdrobljena*
*2 rezini korenine ingverja, sesekljani*
*naribana lupinica ½ pomaranče*
*naribana lupinica ½ limone*
*45 ml / 3 žlice pomarančnega soka*
*45 ml / 3 žlice limoninega soka*
*15 ml / 1 žlica sojine omake*
*3 mlade čebule (zelena čebula), sesekljane*
*15 ml / 1 žlica koruzne moke (koruznega škroba)*
*45 ml / 1 žlica vode*

Piščanca blanširajte v vreli vodi 30 sekund, nato ga odcedite. Segrejte olje in na njem 30 sekund pražite česen in ingver. Dodamo pomarančno in limonino lupinico in sok, sojino omako in mlado čebulo ter pražimo 2 minuti. Dodamo piščanca in dušimo nekaj minut, da se piščanec zmehča. Koruzni zdrob in vodo zmešamo v pasto, premešamo v ponvi in med mešanjem dušimo, dokler se omaka ne zgosti.

*Piščanec z omako iz ostrig*

Za 4 osebe

*30 ml / 2 žlici arašidovega olja*
*1 strok česna, zdrobljen*
*1 rezina ingverja, drobno narezana*
*450 g / 1 funt piščanca, narezanega*
*250 ml / 8 fl oz / 1 skodelica piščančje juhe*
*30 ml / 2 žlici ostrigine omake*
*15 ml / 1 žlica riževega vina ali šerija*
*5 ml / 1 žlička sladkorja*

Segrejte olje s česnom in ingverjem ter prepražite, da rahlo porjavi. Dodajte piščanca in ga pražite približno 3 minute, da rahlo porjavi. Dodajte juho, omako iz ostrig, vino ali šeri in sladkor, med mešanjem zavrite, nato pokrijte in med občasnim mešanjem kuhajte približno 15 minut, dokler ni piščanec kuhan. Odstranite pokrov in nadaljujte s kuhanjem, mešajte približno 4 minute, dokler se omaka ne zmanjša in zgosti.

*Piščanec z arašidovim maslom*

Za 4 osebe

*4 piščančje prsi, narezane na kocke*
*sol in sveže mlet poper*
*5 ml / 1 čajna žlička petih začimb v prahu*
*45 ml / 3 žlice arašidovega olja*
*1 čebula, narezana na kocke*
*2 korenčka, narezana na kocke*
*1 steblo zelene, narezano na kocke*
*300 ml / ½ pt / 1¼ skodelice piščančje juhe*
*10 ml / 2 čajni žlički paradižnikove paste (koncentrirana)*
*100 g arašidovega masla*
*15 ml / 1 žlica sojine omake*
*10 ml / 2 žlički koruzne moke (koruznega škroba)*
*ščepec rjavega sladkorja*
*15 ml / 1 žlica sesekljanega drobnjaka*

Piščanca začinite s soljo, poprom in petimi začimbami v prahu. Segrejte olje in prepražite piščanca, dokler ni mehak. Odstranite iz ponve. Dodamo zelenjavo in pražimo, dokler ni mehka, a še vedno hrustljava. Juho zmešajte z drugimi sestavinami razen drobnjaka, premešajte v ponvi in zavrite.

Piščanca vrnite v ponev in ga med mešanjem segrevajte. Postrezite posuto s sladkorjem.

*Piščanec z grahom*

Za 4 osebe

60 ml / 4 žlice arašidovega olja

1 čebula, sesekljana

450 g / 1 funt piščanca, narezanega na kocke

sol in sveže mlet poper

100 g graha

2 stebli zelene, sesekljani

100 g sesekljanih gob

250 ml / 8 fl oz / 1 skodelica piščančje juhe

15 ml / 1 žlica koruzne moke (koruznega škroba)

15 ml / 1 žlica sojine omake

60 ml / 4 žlice vode

Segrejte olje in na njem prepražite čebulo, da rahlo porjavi. Dodajte piščanca in ga pražite, dokler ne porjavi. Posolimo in popopramo ter dodamo grah, zeleno in gobe ter dobro premešamo. Prilijemo juho, zavremo, pokrijemo in pustimo vreti 15 minut. Zmešajte koruzno moko, sojino omako in vodo v pasto, premešajte v ponvi in med mešanjem kuhajte, dokler se omaka ne zbistri in zgosti.

## Piščančji pekinezer

Za 4 osebe

*4 porcije piščanca*
*sol in sveže mlet poper*
*5 ml / 1 žlička sladkorja*
*1 mlada čebula (zelena čebula), sesekljana*
*1 rezina ingverjeve korenine, sesekljana*
*15 ml / 1 žlica sojine omake*
*15 ml / 1 žlica riževega vina ali suhega šerija*
*15 ml / 1 žlica koruzne moke (koruznega škroba)*
*olje za cvrtje*

Kose piščanca položite v plitvo skledo in jih potresite s soljo in poprom. Zmešajte sladkor, mlado čebulo, ingver, sojino omako in vino ali šeri, piščanca natrite, pokrijte in pustite, da se marinira 3 ure. Piščanca odcedimo in potresemo s koruznim zdrobom. Segrejte olje in piščanca prepražite do zlato rjave barve in pečenosti. Pred serviranjem dobro odcedimo.

*poper piščanec*

Za 4 osebe

60 ml / 4 žlice sojine omake

45 ml / 3 žlice riževega vina ali suhega šerija

45 ml / 3 žlice koruzne moke (koruznega škroba)

450 g piščanca, mletega (mletega)

60 ml / 4 žlice arašidovega olja

2,5 ml / ½ žličke soli

2 stroka česna, zdrobljena

2 rdeči papriki, narezani na kocke

1 zelena paprika, narezana na kocke

5 ml / 1 žlička sladkorja

300 ml / ½ pt / 1¼ skodelice piščančje juhe

Zmešajte polovico sojine omake, polovico vina ali šerija in polovico koruzne moke. Prelijemo preko piščanca, dobro premešamo in pustimo marinirati vsaj 1 uro. Segrejte polovico olja s soljo in česnom, dokler česen rahlo ne porjavi. Dodamo piščanca in marinado ter pražimo približno 4 minute, dokler piščanec ne pobeli, nato ga odstranimo iz ponve. V ponev dodamo preostalo olje in papriko pražimo 2 minuti. Dodajte sladkor v ponev s preostalo sojino omako, vinom ali šerijem in koruzno moko ter dobro premešajte. Dodajte juho, zavrite in med mešanjem kuhajte, dokler se omaka ne zgosti. Piščanca vrnite v ponev

## Piščanec popečen s papriko

Za 4 osebe

*1 piščančja prsa, narezana na tanke rezine*
*2 rezini korenine ingverja, sesekljani*
*2 mladi čebuli (zelena čebula), sesekljani*
*15 ml / 1 žlica koruzne moke (koruznega škroba)*
*30 ml / 2 žlici riževega vina ali suhega šerija*
*30 ml / 2 žlici vode*
*2,5 ml / ½ žličke soli*
*45 ml / 3 žlice arašidovega olja*
*100 g vodnega kostanja, narezanega*
*1 rdeča paprika, narezana na trakove*
*1 zelena paprika, narezana na trakove*
*1 rumena paprika, narezana na trakove*
*30 ml / 2 žlici sojine omake*
*120 ml / 4 fl oz / ½ skodelice piščančje juhe*

Piščanca damo v skledo. Zmešajte ingver, mlado čebulo, koruzno moko, vino ali šeri, vodo in sol, vmešajte piščanca in pustite stati 1 uro. Segrejte polovico olja in prepražite piščanca, da rahlo porjavi, nato ga odstranite iz ponve. Segrejte preostalo olje in na njem 2 minuti pražite vodni kostanj in papriko. Dodajte sojino omako in juho, zavrite, pokrijte in kuhajte 5 minut, dokler se zelenjava ravno ne zmehča. Piščanca vrnite v ponev, dobro premešajte in pred serviranjem rahlo segrejte.

*Piščanec in ananas*

Za 4 osebe

*30 ml / 2 žlici arašidovega olja*

*5 ml / 1 žlička soli*

*2 stroka česna, zdrobljena*

*450 g / 1 lb piščanca brez kosti, narezanega na tanke rezine*

*2 čebuli, narezani*

*100 g vodnega kostanja, narezanega*

*100 g ananasa na koščke*

*30 ml / 2 žlici riževega vina ali suhega šerija*

*450 ml / ¾ qt / 2 skodelici piščančje juhe*

*5 ml / 1 žlička sladkorja*

*sveže mlet poper*

*30 ml / 2 žlici ananasovega soka*

*30 ml / 2 žlici sojine omake*

*30 ml / 2 žlici koruzne moke (koruzni škrob)*

Segrevajte olje, sol in česen, dokler česen rahlo ne porjavi. Dodajte piščanca in ga pražite 2 minuti. Dodamo čebulo, vodni kostanj in ananas ter pražimo 2 minuti. Dodamo vino ali šeri, osnovo in sladkor ter začinimo s poprom. Zavremo, pokrijemo in pustimo vreti 5 minut. Zmešajte ananasov sok, sojino omako in koruzni škrob. Dodajte v ponev in med mešanjem kuhajte, dokler se omaka ne zgosti in zbistri.

*Začinjena dušena svinjina*

Za 4 osebe

*450 g / 1 lb svinjine, narezane na kocke*

*sol in poper*

*30 ml / 2 žlici sojine omake*

*30 ml / 2 žlici hoisin omake*

*45 ml / 3 žlice arašidovega olja*

*120 ml / 4 fl oz / ½ skodelice riževega vina ali suhega šerija*

*300 ml / ½ pt / 1¼ skodelice piščančje juhe*

*5 ml / 1 čajna žlička petih začimb v prahu*

*6 mladih čebul (zelena čebula), sesekljanih*

*225 g ostrigovih gob, narezanih*

*15 ml / 1 žlica koruzne moke (koruznega škroba)*

Meso začinimo s soljo in poprom. Položite na krožnik in zmešajte sojino omako in hoisin omako. Pokrijte in marinirajte 1 uro. Segrejemo olje in na njem zlato rjavo prepražimo meso. Dodajte vino ali šeri, osnovo in pet začimb v prahu, zavrite, pokrijte in pustite vreti 1 uro. Dodamo mlado čebulo in gobe, odstranimo pokrov in dušimo še 4 minute. Koruzni škrob zmešajte z malo vode, ponovno zavrite in med mešanjem kuhajte 3 minute, dokler se omaka ne zgosti.

## Dušeni svinjski sendviči

### Za 12

30 ml / 2 žlici hoisin omake

15 ml / 1 žlica ostrigine omake

15 ml / 1 žlica sojine omake

2,5 ml / ½ žličke sezamovega olja

30 ml / 2 žlici arašidovega olja

10 ml / 2 žlički naribane korenine ingverja

1 strok česna, zdrobljen

300 ml / ½ pt / 1¼ skodelice vode

15 ml / 1 žlica koruzne moke (koruznega škroba)

225 g kuhane svinjine, drobno sesekljane

4 mlade čebule (zelena čebula), drobno sesekljane

350 g / 12 oz / 3 skodelice navadne moke (za vse namene)

15 ml / 1 žlica pecilnega praška

2,5 ml / ½ žličke soli

50 g / 2 oz / ½ skodelice masti

5 ml / 1 čajna žlička vinskega kisa

12 x 13 cm / 5 kvadratov povoščenega papirja

Zmešajte hoisin, ostrige in sojine omake ter sezamovo olje. Segrejte olje in prepražite ingver in česen, da rahlo porjavita.

Dodamo mešanico omake in pražimo 2 minuti. Zmešajte 120 ml / 4 fl oz / ½ skodelice vode s koruznim škrobom in premešajte v ponvi. Med mešanjem zavremo, nato pa pustimo vreti, da se zmes zgosti. Vmešajte svinjino in čebulo ter pustite, da se ohladi.

Zmešajte moko, pecilni prašek in sol. Natrite z mastjo, dokler zmes ne postane podobna finim krušnim drobtinam. Zmešajte vinski kis in preostalo vodo ter zmešajte z moko, da nastane kompaktna pasta. Na pomokani površini rahlo pregnetemo, nato pokrijemo in pustimo počivati 20 minut.

Testo ponovno pregnetemo, nato ga razdelimo na 12 kosov in vsakega oblikujemo v kroglo. Na pomokan pekač razvaljamo na 15 cm / 6 v krog. Na sredino vsakega kroga položite žlice nadeva, robove namažite z vodo in stisnite robove skupaj, da se nadev zapre. Eno stran vsakega kvadrata pergamentnega papirja premažite z oljem. Vsako štruco položite na kvadrat papirja s šivi navzdol. Sendviče v eni plasti položite na rešetko za kuhanje na paro nad vrelo vodo. Sendviče pokrijte in kuhajte na pari približno 20 minut, dokler niso kuhani.

*Svinjina z zeljem*

*Za 4 osebe*

*6 posušenih kitajskih gob*
*30 ml / 2 žlici arašidovega olja*
*450 g / 1 lb svinjine, narezane na trakove*
*2 čebuli, narezani*
*2 rdeči papriki, narezani na trakove*
*350 g sesekljanega belega zelja*
*2 stroka česna, nasekljana*
*2 kosa nasekljanega pecljatega ingverja*
*30 ml / 2 žlici medu*
*45 ml / 3 žlice sojine omake*
*120 ml / 4 fl oz / ½ skodelice suhega belega vina*
*sol in poper*
*10 ml / 2 žlički koruzne moke (koruznega škroba)*
*15 ml / 1 žlica vode*

Gobe za 30 minut namočimo v mlačno vodo, nato jih odcedimo. Odstranite peclje in narežite pokrovčke. Segrejte olje in pražite svinjino, da rahlo porjavi. Dodamo zelenjavo, česen in ingver ter pražimo 1 minuto. Dodamo med, sojino omako in vino, zavremo, pokrijemo in dušimo 40 minut, da se meso skuha. Začinimo s soljo in poprom. Zmešajte koruzno moko in vodo ter premešajte v ponvi. Med nenehnim mešanjem zavrite, nato pa pustite vreti 1 minuto.

*Svinjina z zeljem in paradižnikom*

Za 4 osebe

30 ml / 2 žlici arašidovega olja
450 g / 1 lb puste svinjine, v kosmičih
sol in sveže mlet poper
1 strok česna, zdrobljen
1 čebula, drobno sesekljana
½ zelja, sesekljanega
450 g olupljenega in na četrtine narezanega paradižnika
250 ml / 8 fl oz / 1 skodelica juhe
30 ml / 2 žlici koruzne moke (koruzni škrob)
15 ml / 1 žlica sojine omake
60 ml / 4 žlice vode

Segrejte olje in prepražite svinjino, sol, poper, česen in čebulo, da rahlo porjavi. Dodamo zelje, paradižnik in juho, zavremo, pokrijemo in dušimo 10 minut, dokler se zelje ravno ne zmehča. Zmešajte koruzno moko, sojino omako in vodo v pasto, premešajte v ponvi in med mešanjem kuhajte, dokler se omaka ne zbistri in zgosti.

*Marinirana svinjina z zeljem*

Za 4 osebe

*350 g svinjskega trebuha*

*2 mladi čebuli (zelena čebula), sesekljani*

*1 rezina ingverjeve korenine, sesekljana*

*1 cimetova palčka*

*3 janeževi stroki*

*45 ml / 3 žlice rjavega sladkorja*

*600 ml / 1 pt / 2½ skodelice vode*

*15 ml / 1 žlica arašidovega olja*

*15 ml / 1 žlica sojine omake*

*5 ml / 1 čajna žlička paradižnikove paste (koncentrirana)*

*5 ml / 1 žlička ostrigine omake*

*100 g srčkov kitajskega zelja*

*100 g bok choya*

Svinjino narežemo na 10 cm/4 cm velike kose in damo v skledo. Dodamo mlado čebulo, ingver, cimet, zvezdasti janež, sladkor in vodo ter pustimo stati 40 minut. Segrejte olje, svinjino odstranite iz marinade in jo dodajte v ponev. Pražimo, da rahlo porjavi, nato dodamo sojino omako, paradižnikovo mezgo in ostrigino omako. Zavremo in kuhamo, dokler se svinjina ne zmehča in se tekočina zmanjša, približno 30 minut, med kuhanjem pa po potrebi dodamo še malo vode.

Medtem kuhajte zeljne srčke in bok choi v vreli vodi približno 10 minut, dokler se ne zmehčajo. Razporedimo jih po vročem servirnem krožniku, okrasimo s svinjino in prelijemo z omako.

*Svinjska zelena*

Za 4 osebe

*45 ml / 3 žlice arašidovega olja*
*1 strok česna, zdrobljen*
*1 mlada čebula (zelena čebula), sesekljana*
*1 rezina ingverjeve korenine, sesekljana*
*225 g puste svinjine, narezane na trakove*
*100 g zelene, na tanke rezine*
*45 ml / 3 žlice sojine omake*
*15 ml / 1 žlica riževega vina ali suhega šerija*
*5 ml / 1 žlička koruzne moke (koruznega škroba)*

Segrejte olje in na njem prepražite česen, mlado čebulo in ingver, da rahlo porjavijo. Dodajte svinjino in jo pražite 10 minut, dokler ne porjavi. Dodamo zeleno in pražimo 3 minute. Dodamo ostale sestavine in pražimo 3 minute.

*Svinjina s kostanjem in gobami*

Za 4 osebe

*4 posušene kitajske gobe*

*100 g / 4 oz / 1 skodelica kostanja*

*30 ml / 2 žlici arašidovega olja*

*2,5 ml / ½ žličke soli*

*450 g / 1 lb puste svinjine, narezane na kocke*

*15 ml / 1 žlica sojine omake*

*375 ml piščančje juhe*

*100 g vodnega kostanja, narezanega*

Gobe za 30 minut namočimo v mlačno vodo, nato jih odcedimo. Odstranimo peclje in klobuke prerežemo na pol. Kostanj blanširajte v vreli vodi 1 minuto in nato odcedite. Segrejte olje in sol, nato pražite svinjino, da rahlo porjavi. Dodamo sojino omako in pražimo 1 minuto. Prilijemo juho in zavremo. Dodajte kostanj in vodni kostanj, ponovno zavrite, pokrijte in pustite vreti približno uro in pol, dokler se meso ne zmehča.

## Svinjski kotlet Suey

Za 4 osebe

*100 g / 4 oz bambusovih poganjkov, narezanih na trakove*
*100 g vodnega kostanja, narezanega na tanke rezine*
*60 ml / 4 žlice arašidovega olja*
*3 mlade čebule (zelena čebula), sesekljane*
*2 stroka česna, zdrobljena*
*1 rezina ingverjeve korenine, sesekljana*
*225 g puste svinjine, narezane na trakove*
*45 ml / 3 žlice sojine omake*
*15 ml / 1 žlica riževega vina ali suhega šerija*
*5 ml / 1 žlička soli*
*5 ml / 1 žlička sladkorja*
*sveže mlet poper*
*15 ml / 1 žlica koruzne moke (koruznega škroba)*

Bambusove poganjke in vodne kostanje blanširajte v vreli vodi 2 minuti, nato jih odcedite in posušite. Segrejte 45 ml / 3 žlice olja in prepražite mlado čebulo, česen in ingver, dokler rahlo ne porjavijo. Dodamo svinjino in pražimo 4 minute. Odstranite iz ponve.

Segrejte preostalo olje in zelenjavo pražite 3 minute. Dodajte svinjino, sojino omako, vino ali šeri, sol, sladkor in ščepec popra ter pražite 4 minute. Koruzni zdrob zmešamo z malo vode, stresemo v kozico in med mešanjem dušimo toliko časa, da se omaka zbistri in zgosti.

*Svinjski Chow Mein*

*Za 4 osebe*

*4 posušene kitajske gobe*
*30 ml / 2 žlici arašidovega olja*
*2,5 ml / ½ žličke soli*
*4 mlade čebule (zelena čebula), sesekljane*
*225 g puste svinjine, narezane na trakove*
*15 ml / 1 žlica sojine omake*
*5 ml / 1 žlička sladkorja*
*3 stebla zelene, sesekljana*
*1 čebula, narezana na četrtine*
*100 g gob, prepolovljenih*
*120 ml / 4 fl oz / ½ skodelice piščančje juhe*
*ocvrti špageti*

Gobe za 30 minut namočimo v mlačno vodo, nato jih odcedimo. Odstranite peclje in narežite pokrovčke. Segrejte olje in sol ter prepražite mlado čebulo, da se zmehča. Dodamo svinjino in pražimo, da rahlo porjavi. Zmešajte sojino omako, sladkor, zeleno, čebulo ter sveže in posušene gobe ter pražite približno 4 minute, da se sestavine dobro povežejo. Prilijemo juho in dušimo 3 minute. V ponev dodamo polovico rezancev in nežno premešamo, nato dodamo preostale rezance in mešamo, dokler se ne segrejejo.

*Pečen svinjski chow mein*

Za 4 osebe

*100 g fižolovih kalčkov*
*45 ml / 3 žlice arašidovega olja*
*100 g kitajskega zelja, sesekljanega*
*225 g svinjske pečenke, narezane na rezine*
*5 ml / 1 žlička soli*
*15 ml / 1 žlica riževega vina ali suhega šerija*

Fižolove kalčke blanširajte v vreli vodi 4 minute, nato jih odcedite. Segrejte olje in na njem prepražite fižolove kalčke in zelje, da se zmehčajo. Dodajte svinjino, sol in šeri ter pražite, dokler ni vroče. V ponev dodajte polovico odcejenih rezancev in jih nežno premešajte, dokler se ne segrejejo. Dodajte preostale rezance in premešajte, dokler niso segreti.

*Chutney svinjina*

Za 4 osebe

*5 ml / 1 čajna žlička petih začimb v prahu*
*5 ml / 1 čajna žlička karija v prahu*
*450 g / 1 lb svinjine, narezane na trakove*
*30 ml / 2 žlici arašidovega olja*
*6 mladih čebul (zelena čebula), narezanih na trakove*
*1 steblo zelene, narezano na trakove*
*100 g fižolovih kalčkov*
*1 kozarec 200 g / 7 oz sladkih kitajskih kislih kumaric, narezanih na kocke*
*45 ml / 3 žlice mangovega čatnija*
*30 ml / 2 žlici sojine omake*
*30 ml / 2 žlici paradižnikove omake (testenine)*
*150 ml / ¼ pt / velikodušne ½ skodelice piščančje juhe*
*10 ml / 2 žlički koruzne moke (koruznega škroba)*

Svinjino dobro natrite z začimbami. Segrejte olje in pražite meso 8 minut oziroma dokler ni pečeno. Odstranite iz ponve. Dodajte zelenjavo v ponev in pražite 5 minut. Svinjino vrnite v ponev z vsemi preostalimi sestavinami razen koruzne moke. Mešajte, dokler se ne segreje. Koruzni škrob zmešamo z malo vode, stresemo v ponev in med mešanjem dušimo, dokler se omaka ne zgosti.

*Svinjska kumara*

Za 4 osebe

*225 g puste svinjine, narezane na trakove*
*30 ml / 2 žlici navadne moke (za vse namene)*
*sol in sveže mlet poper*
*60 ml / 4 žlice arašidovega olja*
*225 g olupljene in narezane kumare*
*30 ml / 2 žlici sojine omake*

Svinjino dajte v moko in začinite s soljo in poprom. Segrejte olje in pražite svinjino približno 5 minut, dokler ni pečena. Dodamo kumaro in sojino omako ter pražimo še 4 minute. Preverite in prilagodite začimbe ter postrezite z ocvrtim rižem.

*Paketi hrustljave svinjine*

Za 4 osebe

*4 posušene kitajske gobe*
*30 ml / 2 žlici arašidovega olja*
*225 g svinjskega fileja, mletega*
*50 g oluščenih kozic, narezanih*
*15 ml / 1 žlica sojine omake*
*15 ml / 1 žlica koruzne moke (koruznega škroba)*
*30 ml / 2 žlici vode*
*8 spomladanskih zavitkov*
*100 g / 4 oz / 1 skodelica koruznega zdroba (koruznega škroba)*
*olje za cvrtje*

Gobe za 30 minut namočimo v mlačno vodo, nato jih odcedimo. Odstranite peclje in drobno sesekljajte klobuke. Segrejte olje in na njem 2 minuti pražite gobe, svinjino, kozice in sojino omako. Zmešajte koruzno moko in vodo, dokler ne nastane pasta, in dodajte mešanici, da naredite nadev.

Testenine narežemo na trakove, na konec vsakega damo malo nadeva in zvijemo v trikotnike, ki jih zapremo z malo moke in vode. Izdatno potresemo s koruznim zdrobom. Segrejte olje in na njem trikotnike hrustljavo in zlato ocvrite. Pred serviranjem dobro odcedimo.

*jajčne svinjske zvitke*

Za 4 osebe

*225 g puste svinjine, mlete*
*1 rezina ingverjeve korenine, sesekljana*
*1 sesekljana mlada čebula*
*15 ml / 1 žlica sojine omake*
*15 ml / 1 žlica vode*
*12 spomladanskih zavitkov*
*1 jajce, pretepeno*
*olje za cvrtje*

Zmešajte svinjino, ingver, čebulo, sojino omako in vodo. Na sredino vsake kože položite malo nadeva in robove namažite s stepenim jajcem. Zložite ob straneh, nato pa jajčno rolado zavijte stran od sebe, robove zaprite z jajcem. Kuhajte na rešetki v sopari 30 minut, dokler svinjina ni kuhana. Segrejte olje in pražite nekaj minut, da hrustljavo zarumenijo.

*Jajčni zvitki s svinjino in kozicami*

Za 4 osebe

*30 ml / 2 žlici arašidovega olja*
*225 g puste svinjine, mlete*
*6 mladih čebul (zelena čebula), sesekljanih*
*225 g fižolovih kalčkov*
*100 g oluščenih kozic, narezanih*
*15 ml / 1 žlica sojine omake*
*2,5 ml / ½ žličke soli*
*12 spomladanskih zavitkov*
*1 jajce, pretepeno*
*olje za cvrtje*

Segrejte olje in prepražite svinjino in mlado čebulo, da rahlo porjavi. Medtem fižolove kalčke blanširajte v vreli vodi 2 minuti in nato odcedite. V ponev dodajte fižolove kalčke in jih pražite 1 minuto. Dodamo kozice, sojino omako in sol ter pražimo 2 minuti. Naj se ohladi.

Na sredino vsake kože položite malo nadeva in robove namažite s stepenim jajcem. Strani prepognemo, nato zvijemo spomladanske zvitke, robove zalepimo z jajcem. Segrejte olje in popecite spomladanske zavitke, da hrustljavo in zlato porumenijo.

*Dušena svinjina z jajci*

Za 4 osebe

*450 g / 1 funt puste svinjine*
*30 ml / 2 žlici arašidovega olja*
*1 čebula, sesekljana*
*90 ml / 6 žlic sojine omake*
*45 ml / 3 žlice riževega vina ali suhega šerija*
*15 ml / 1 žlica rjavega sladkorja*
*3 trdo kuhana jajca (kuhana)*

Zavremo lonec vode, dodamo svinjino, ponovno zavremo in kuhamo, dokler se ne zapre. Odstranite iz ponve, dobro odcedite in narežite na kocke. Segrejte olje in na njem prepražite čebulo do mehkega. Dodajte svinjino in pražite, dokler rahlo ne porjavi. Vmešajte sojino omako, vino ali šeri in sladkor, pokrijte in med občasnim mešanjem dušite 30 minut. Zunanjost jajc rahlo zarezite, nato jih dodajte v ponev, pokrijte in dušite še 30 minut.

*ognjeni prašič*

Za 4 osebe

*450 g svinjskega fileja, narezanega na trakove*
*30 ml / 2 žlici sojine omake*
*30 ml / 2 žlici hoisin omake*
*5 ml / 1 čajna žlička petih začimb v prahu*
*15 ml / 1 žlica popra*
*15 ml / 1 žlica rjavega sladkorja*
*15 ml / 1 žlica sezamovega olja*
*30 ml / 2 žlici arašidovega olja*
*6 mladih čebul (zelena čebula), sesekljanih*
*1 zelena paprika, narezana na koščke*
*200 g fižolovih kalčkov*
*2 rezini ananasa, narezanega na kocke*
*45 ml / 3 žlice paradižnikovega kečapa (catsup)*
*150 ml / ¼ pt / velikodušne ½ skodelice piščančje juhe*

Meso damo v skledo. Zmešajte sojino omako, omako hoisin, pet začimb v prahu, poper in sladkor, prelijte meso in pustite, da se marinira 1 uro. Segrejte olje in prepražite meso, da porjavi. Odstranite iz ponve. Dodamo zelenjavo in pražimo 2 minuti. Dodajte ananas, kečap in juho ter zavrite. Meso vrnite v ponev in pred serviranjem ponovno segrejte.

*Ocvrti svinjski file*

Za 4 osebe

*350 g svinjskega fileja, narezanega na kocke*
*15 ml / 1 žlica riževega vina ali suhega šerija*
*15 ml / 1 žlica sojine omake*
*5 ml / 1 čajna žlička sezamovega olja*
*30 ml / 2 žlici koruzne moke (koruzni škrob)*
*olje za cvrtje*

Zmešajte svinjino, vino ali šeri, sojino omako, sezamovo olje in koruzno moko, tako da je svinjina obložena v gosto testo. Segrejte olje in pražite svinjino približno 3 minute, da postane hrustljava. Svinjino vzamemo iz ponve, segrejemo olje in pražimo približno 3 minute.

*Svinjina s petimi začimbami*

Za 4 osebe

*225 g puste svinjine*
*5 ml / 1 žlička koruzne moke (koruznega škroba)*
*2,5 ml / ½ čajne žličke pet začimb v prahu*
*2,5 ml / ½ žličke soli*
*15 ml / 1 žlica riževega vina ali suhega šerija*
*20 ml / 2 žlici arašidovega olja*
*120 ml / 4 fl oz / ½ skodelice piščančje juhe*

Svinjino čez zrno tanko narežemo. Svinjino zmešajte s koruzno moko, petimi začimbami v prahu, soljo in vinom ali šerijem ter dobro premešajte, da prekrijete svinjino. Pustite stati 30 minut, občasno premešajte. Segrejte olje, dodajte svinjino in jo pražite približno 3 minute. Prilijemo juho, zavremo, pokrijemo in pustimo vreti 3 minute. Postrezite takoj.

*Dušena dišeča svinjina*

Za 6-8 oseb

1 kos lupine mandarine

45 ml / 3 žlice arašidovega olja

900 g / 2 lb puste svinjine, narezane na kocke

250 ml / 8 fl oz / 1 skodelica riževega vina ali suhega šerija

120 ml / 4 fl oz / ½ skodelice sojine omake

2,5 ml / ½ žličke janeža v prahu

½ cimetove palčke

4 nageljnove žbice

5 ml / 1 žlička soli

250 ml / 8 fl oz / 1 skodelica vode

2 mladi čebuli (zelena čebula), narezani na rezine

1 rezina ingverjeve korenine, sesekljana

Med pripravo jedi mandarinino lupinico namočite v vodi. Segrejte olje in pražite svinjino, da rahlo porjavi. Dodajte vino ali šeri, sojino omako, janež v prahu, cimet, nageljnove žbice, sol in vodo. Zavremo, dodamo mandarinino lupinico, mlado čebulo in ingver. Pokrijte in dušite, dokler se ne zmehča, približno 1 uro in pol, občasno premešajte in po potrebi dodajte še malo vrele vode. Pred serviranjem odstranite začimbe.

*Svinjina z mletim česnom*

Za 4 osebe

*450 g / 1 lb svinjskega trebuha brez kože*

*3 rezine ingverjeve korenine*

*2 mladi čebuli (zelena čebula), sesekljani*

*30 ml / 2 žlici mletega česna*

*30 ml / 2 žlici sojine omake*

*5 ml / 1 žlička soli*

*15 ml / 1 žlica piščančje juhe*

*2,5 ml / ½ žličke čilijevega olja*

*4 vejice cilantra*

Svinjino položite v ponev z ingverjem in mlado čebulo, pokrijte z vodo, zavrite in kuhajte 30 minut, dokler ni kuhana. Odstranite in dobro odcedite, nato pa narežite na tanke rezine približno 5 cm/2 kvadrata. Rezine razporedimo v kovinsko cedilo. Zavremo lonec vode, dodamo svinjske rezine in kuhamo 3 minute, da se segrejejo. Razporedimo po toplem servirnem krožniku. Zmešajte česen, sojino omako, sol, juho in čilijevo olje ter z žlico prelijte svinjino. Postrezite okrašeno s cilantrom.

*Pražena svinjina z ingverjem*

Za 4 osebe

*225 g puste svinjine*

*5 ml / 1 žlička koruzne moke (koruznega škroba)*

*30 ml / 2 žlici sojine omake*

*30 ml / 2 žlici arašidovega olja*

*1 rezina ingverjeve korenine, sesekljana*

*1 mlada čebula (šalotka), narezana*

*45 ml / 3 žlice vode*

*5 ml / 1 čajna žlička rjavega sladkorja*

Svinjino čez zrno tanko narežemo. Vmešamo koruzni zdrob, nato potresemo s sojino omako in ponovno premešamo. Segrejte olje in pražite svinjino 2 minuti, da se dobro zapre. Dodamo ingver in drobnjak ter pražimo 1 minuto. Dodamo vodo in sladkor, pokrijemo in dušimo približno 5 minut, dokler ni kuhano.

*Svinjina s stročjim fižolom*

Za 4 osebe

*450 g / 1 funt stročjega fižola, narezanega na koščke*
*30 ml / 2 žlici arašidovega olja*
*2,5 ml / ½ žličke soli*
*1 rezina ingverjeve korenine, sesekljana*
*225 g puste svinjine, mlete (mlete)*
*120 ml / 4 fl oz / ½ skodelice piščančje juhe*
*75 ml / 5 žlic vode*
*2 jajci*
*15 ml / 1 žlica koruzne moke (koruznega škroba)*

Fižol blanširajte približno 2 minuti, nato ga odcedite. Segrejte olje in za nekaj sekund popražite sol in ingver. Dodajte svinjino in pražite, dokler rahlo ne porjavi. Dodamo fižol in ga pražimo 30 sekund ter ga pokapamo z oljem. Zalijemo z juho, zavremo, pokrijemo in pustimo vreti 2 minuti. Stepite 30 ml / 2 žlici vode z jajci in jih vmešajte v ponev. Preostalo vodo zmešajte s koruznim škrobom. Ko se jajca začnejo gostiti, vmešamo koruzni zdrob in kuhamo toliko časa, da se zmes zgosti. Postrezite takoj.

## Svinjina s šunko in tofujem

Za 4 osebe

*4 posušene kitajske gobe*
*5 ml / 1 žlička arašidovega olja*
*100 g prekajene šunke, narezane na rezine*
*225 g narezanega tofuja*
*225 g puste svinjine, narezane na rezine*
*15 ml / 1 žlica riževega vina ali suhega šerija*
*sol in sveže mlet poper*
*1 rezina ingverjeve korenine, sesekljana*
*1 mlada čebula (zelena čebula), sesekljana*
*10 ml / 2 žlički koruzne moke (koruznega škroba)*
*30 ml / 2 žlici vode*

Gobe za 30 minut namočimo v mlačno vodo, nato jih odcedimo. Odstranimo peclje in klobuke prerežemo na pol. Toplo odporno skledo natrite z arašidovim oljem. Gobe, šunko, tofu in svinjino razporedite po plasteh po krožniku, s svinjino na vrhu. Zalijemo z vinom ali šerijem, soljo in poprom, ingverjem in mlado čebulo. Pokrijte in kuhajte na pari na rešetki nad vrelo vodo približno 45 minut, dokler ni kuhano. Odcedite omako iz sklede, ne da bi se dotaknili sestavin.

Dodajte toliko vode, da dobite 250 ml / 8 fl oz / 1 skodelico. Zmešajte koruzni škrob in vodo ter dodajte omaki. Pristavimo v skledo in med mešanjem dušimo, dokler se omaka ne zbistri in zgosti. Svinjsko mešanico prelijemo na topel servirni krožnik,

*Ocvrta svinjska nabodala*

Za 4 osebe

*450 g svinjskega fileja, narezanega na tanke rezine*
*100 g kuhane šunke, narezane na tanke rezine*
*6 vodnih kostanjev, narezanih na tanke rezine*
*30 ml / 2 žlici sojine omake*
*30 ml / 2 žlici vinskega kisa*
*15 ml / 1 žlica rjavega sladkorja*
*15 ml / 1 žlica ostrigine omake*
*nekaj kapljic čilijevega olja*
*45 ml / 3 žlice koruzne moke (koruznega škroba)*
*30 ml / 2 žlici riževega vina ali suhega šerija*
*2 stepena jajca*
*olje za cvrtje*

Na nabodala izmenično naložite svinjino, šunko in vodni kostanj. Zmešajte sojino omako, vinski kis, sladkor, omako iz ostrig in čilijevo olje. Prelijemo čez nabodala, pokrijemo in mariniramo v hladilniku 3 ure. Zmešajte koruzno moko, vino ali šeri in jajca, dokler ni gladka in gosta. Nabodala zavijte v testo, da jih premažete. Olje segrejemo in na njem ocvremo nabodala do zlato rjave barve.

*Dušena svinjska kolenica z rdečo omako*

*Za 4 osebe*

*1 velika svinjska kolenica*
*1 l / 1½ pt / 4¼ skodelice vrele vode*
*5 ml / 1 žlička soli*
*120 ml / 4 fl oz / ½ skodelice vinskega kisa*
*120 ml / 4 fl oz / ½ skodelice sojine omake*
*45 ml / 3 žlice medu*
*5 ml / 1 čajna žlička brinovih jagod*
*5 ml / 1 čajna žlička janeža*
*5 ml / 1 žlička koriandra*
*60 ml / 4 žlice arašidovega olja*
*6 mladih čebul (zelena čebula), narezanih na rezine*
*2 korenčka, narezana na tanke rezine*
*1 steblo zelene, narezano na rezine*
*45 ml / 3 žlice hoisin omake*
*30 ml / 2 žlici mangovega čatnija*
*75 ml / 5 žlic paradižnikove omake (testenine)*
*1 strok česna, zdrobljen*

*60 ml / 4 žlice sesekljanega drobnjaka*

Svinjsko kolenico zavrite z vodo, soljo, vinskim kisom, 45 ml / 3 žlicami sojine omake, medom in začimbami. Dodamo zelenjavo, ponovno zavremo, pokrijemo in dušimo približno uro in pol, dokler se meso ne zmehča. Meso in zelenjavo vzamemo iz ponve, meso odrežemo s kosti in narežemo na kocke. Segrejemo olje in na njem zlato rjavo prepražimo meso. Dodamo zelenjavo in pražimo 5 minut. Dodamo preostalo sojino omako, hoisin omako, čatni, paradižnikovo mezgo in česen. Med mešanjem zavrite in pustite vreti 3 minute. Postrežemo potreseno z drobnjakom.

*marinirana svinjina*

Za 4 osebe

*450 g / 1 funt puste svinjine*
*1 rezina ingverjeve korenine, sesekljana*
*1 strok česna, zdrobljen*
*90 ml / 6 žlic sojine omake*
*15 ml / 1 žlica riževega vina ali suhega šerija*
*45 ml / 3 žlice arašidovega olja*
*1 mlada čebula (šalotka), narezana*
*15 ml / 1 žlica rjavega sladkorja*
*sveže mlet poper*

Svinjino zmešajte z ingverjem, česnom, 30 ml / 2 žlici sojine omake in vinom ali šerijem. Pustite stati 30 minut, občasno premešajte, nato pa meso odstranite iz marinade. Segrejte olje in pražite svinjino, da rahlo porjavi. Dodamo mlado čebulo, sladkor, preostalo sojino omako in ščepec popra, pokrijemo in dušimo približno 45 minut, dokler svinjina ni kuhana. Svinjino narežemo na kocke in postrežemo.

*Marinirani svinjski kotleti*

Za 6 oseb

*6 svinjskih kotletov*
*1 rezina ingverjeve korenine, sesekljana*
*1 strok česna, zdrobljen*
*90 ml / 6 žlic sojine omake*
*30 ml / 2 žlici riževega vina ali suhega šerija*
*45 ml / 3 žlice arašidovega olja*
*2 mladi čebuli (zelena čebula), sesekljani*
*15 ml / 1 žlica rjavega sladkorja*
*sveže mlet poper*

Svinjskim kotletom odrežemo kost, meso pa narežemo na kocke. Zmešajte ingver, česen, 30 ml / 2 žlici sojine omake in vino ali šeri, prelijte svinjino in marinirajte 30 minut, občasno premešajte. Meso odstranite iz marinade. Segrejte olje in pražite svinjino, da rahlo porjavi. Dodamo mlado čebulo in pražimo 1 minuto. Preostalo sojino omako zmešajte s sladkorjem in ščepcem popra. Primešamo omako, zavremo, pokrijemo in dušimo približno 30 minut, da se svinjina zmehča.

*Svinjina z gobami*

Za 4 osebe

*25 g / 1 oz posušenih kitajskih gob*
*30 ml / 2 žlici arašidovega olja*
*1 strok česna, sesekljan*
*225 g pustega svinjskega mesa, narezanega na kosmiče*
*4 mlade čebule (zelena čebula), sesekljane*
*15 ml / 1 žlica sojine omake*
*15 ml / 1 žlica riževega vina ali suhega šerija*
*5 ml / 1 čajna žlička sezamovega olja*

Gobe za 30 minut namočimo v mlačno vodo, nato jih odcedimo. Zavrzite peclje in narezane klobuke. Segrejte olje in na njem prepražite česen, da rahlo zlate barve. Dodamo svinjino in pražimo, dokler ne porjavi. Zmešajte mlado čebulo, gobe, sojino omako in vino ali šeri ter pražite 3 minute. Vmešajte sezamovo olje in takoj postrezite.

*Parjena mesna pita*

Za 4 osebe

*450 g / 1 lb mlete svinjine (sesekljane)*
*4 drobno sesekljane vodne kostanje*
*225 g gob, drobno sesekljanih*
*5 ml / 1 žlička sojine omake*
*sol in sveže mlet poper*
*1 jajce, rahlo stepeno*

Vse sestavine dobro premešamo in na pekaču oblikujemo tortno maso. Posodo postavite na rešetko v soparniku, pokrijte in kuhajte na pari uro in pol.

*Svinjina, kuhana z gobami*

Za 4 osebe

*450 g / 1 lb puste svinjine, narezane na kocke*
*250 ml / 8 fl oz / 1 skodelica vode*
*15 ml / 1 žlica sojine omake*
*15 ml / 1 žlica riževega vina ali suhega šerija*
*5 ml / 1 žlička sladkorja*
*5 ml / 1 žlička soli*
*225 g šampinjonov*

Svinjino in vodo dajte v ponev in vodo zavrite. Pokrijte in pustite vreti 30 minut, nato odcedite, juho pa prihranite. Svinjino vrnite v ponev in dodajte sojino omako. Med mešanjem dušimo, dokler se sojina omaka ne vpije. Vmešajte vino ali šeri, sladkor in sol. Zalijemo s prihranjeno juho, zavremo, pokrijemo in dušimo približno 30 minut, meso občasno obračamo. Dodamo gobe in dušimo še 20 minut.

*Svinjska palačinka z rezanci*

Za 4 osebe

*30 ml / 2 žlici arašidovega olja*

*5 ml / 2 žlički soli*

*225 g puste svinjine, narezane na trakove*

*1 skodelica (225 g) kitajskega zelja, sesekljanega*

*100 g / 4 oz bambusovih poganjkov, narezanih*

*100 g drobno narezanih gob*

*150 ml / ¼ pt / velikodušne ½ skodelice piščančje juhe*

*10 ml / 2 žlički koruzne moke (koruznega škroba)*

*15 ml / 1 žlica riževega vina ali suhega šerija*

*15 ml / 1 žlica vode*

*palačinka z rezanci*

Segrejte olje in prepražite sol in svinjino, da se rahlo obarvata. Dodamo zelje, bambusove poganjke in gobe ter pražimo 1 minuto. Dodajte juho, zavrite, pokrijte in kuhajte 4 minute, dokler se svinjina ne skuha. Zmešajte pasto iz koruzne moke z vinom ali šerijem in vodo, premešajte v ponvi in med mešanjem kuhajte, dokler se omaka ne zbistri in zgosti. Za serviranje prelijemo z maso za palačinke.

*Palačinka s svinjino in kozicami z rezanci*

Za 4 osebe

*30 ml / 2 žlici arašidovega olja*

*5 ml / 1 žlička soli*

*4 mlade čebule (zelena čebula), sesekljane*

*1 strok česna, zdrobljen*

*225 g puste svinjine, narezane na trakove*

*100 g gob, narezanih*

*4 palčke zelene, narezane na rezine*

*225 g oluščenih kozic*

*30 ml / 2 žlici sojine omake*

*10 ml / 1 žlička koruzne moke (koruznega škroba)*

*45 ml / 3 žlice vode*

*palačinka z rezanci*

Segrejte olje in sol ter prepražite mlado čebulo in česen do mehkega. Dodajte svinjino in pražite, dokler rahlo ne porjavi. Dodamo gobe in zeleno ter pražimo 2 minuti. Dodamo kozice, potresemo s sojino omako in mešamo, dokler se ne segrejejo. Zmešajte koruzno moko in vodo, dokler ne nastane pasta, premešajte v ponvi in med mešanjem kuhajte, dokler ni vroče. Za serviranje prelijemo z maso za palačinke.

*Svinjina v omaki iz ostrig*

Za 4-6 oseb

*450 g / 1 funt puste svinjine*
*15 ml / 1 žlica koruzne moke (koruznega škroba)*
*10 ml / 2 žlički riževega vina ali suhega šerija*
*Ščepec sladkorja*
*45 ml / 3 žlice arašidovega olja*
*10 ml / 2 žlički vode*
*30 ml / 2 žlici ostrigine omake*
*sveže mlet poper*
*1 rezina ingverjeve korenine, sesekljana*
*60 ml / 4 žlice piščančje juhe*

Svinjino čez zrno tanko narežemo. Zmešajte 5 ml/1 čajno žličko koruzne moke z vinom ali šerijem, sladkorjem in 5 ml/1 čajno žličko olja, dodajte svinjini in dobro premešajte, da se prekrije. Preostanek zdroba zmešamo z vodo, ostrigino omako in ščepcem popra. Segrejte preostalo olje in pražite ingver 1 minuto. Dodajte svinjino in pražite, dokler rahlo ne porjavi. Dodajte juho in mešanico omake iz ostrig ter vode, zavrite, pokrijte in pustite vreti 3 minute.

*Svinjina z arašidi*

Za 4 osebe

*450 g / 1 lb puste svinjine, narezane na kocke*
*15 ml / 1 žlica koruzne moke (koruznega škroba)*
*5 ml / 1 žlička soli*
*1 beljak*
*3 mlade čebule (zelena čebula), sesekljane*
*1 strok česna, sesekljan*
*1 rezina ingverjeve korenine, sesekljana*
*45 ml / 3 žlice piščančje juhe*
*15 ml / 1 žlica riževega vina ali suhega šerija*
*15 ml / 1 žlica sojine omake*
*10 ml / 2 žlički črne melase*
*45 ml / 3 žlice arašidovega olja*
*½ kumare, narezane na kocke*
*25 g / 1 oz / ¼ skodelice olupljenih arašidov*
*5 ml / 1 žlička čilijevega olja*

Svinjino zmešajte s polovico koruzne moke, soljo in beljakom ter dobro premešajte, da se svinjina prekrije. Preostalo koruzno moko zmešajte s mlado čebulo, česnom, ingverjem, juho, vinom ali šerijem, sojino omako in melaso. Segrejte olje in prepražite svinjino, da rahlo porjavi, nato jo odstranite iz ponve. V ponev dodajte kumaro in jo nekaj minut pražite. Svinjino vrnite v ponev in rahlo premešajte. Vmešajte mešanico začimb, zavrite in med mešanjem kuhajte, dokler se omaka ne zbistri in zgosti. Zmešajte arašide in čilijevo olje ter pred serviranjem ponovno segrejte.

*Svinjina s papriko*

Za 4 osebe

*45 ml / 3 žlice arašidovega olja*
*225 g puste svinjine, narezane na kocke*
*1 čebula, narezana na kocke*
*2 zeleni papriki, narezani na kocke*
*½ glave kitajskih listov, narezanih na kocke*
*1 rezina ingverjeve korenine, sesekljana*
*15 ml / 1 žlica sojine omake*
*15 ml / 1 žlica sladkorja*
*2,5 ml / ½ žličke soli*

Segrejte olje in pražite svinjino približno 4 minute, da porjavi. Dodamo čebulo in pražimo približno 1 minuto. Dodamo papriko in pražimo 1 minuto. Dodamo kitajske liste in pražimo 1 minuto. Ostale sestavine združimo, stresemo v ponev in pražimo še 2 minuti.

## Začinjena svinjina s kumaricami

*Za 4 osebe*

*900 g svinjskih reber*
*30 ml / 2 žlici koruzne moke (koruzni škrob)*
*45 ml / 3 žlice sojine omake*
*30 ml / 2 žlici sladkega šerija*
*5 ml / 1 čajna žlička naribane korenine ingverja*
*2,5 ml / ½ čajne žličke pet začimb v prahu*
*ščepec sveže mletega popra*
*olje za cvrtje*
*60 ml / 4 žlice piščančje juhe*
*Kitajska vložena zelenjava*

Rebra odrežemo, odstranimo vso maščobo in kosti. Zmešajte koruzno moko, 30 ml / 2 žlici sojine omake, šeri, ingver, pet začimb v prahu in poper. Prelijemo čez svinjino in premešamo, da se popolnoma prekrije. Pokrijte in med občasnim mešanjem marinirajte 2 uri. Segrejte olje in prepražite svinjino, da porjavi in postane pečena. Odcedimo na papirnatih brisačah. Svinjino narežemo na debele rezine, preložimo na topel servirni krožnik in pustimo na toplem. V majhni ponvi zmešajte juho in preostalo sojino omako. Zavremo in prelijemo čez svinjske rezine. Postrežemo okrašeno z mešanimi kislimi kumaricami.

## Svinjina v slivovi omaki

Za 4 osebe

*450 g dušene svinjine, narezane na kocke*

*2 stroka česna, zdrobljena*

*sol*

*60 ml / 4 žlice paradižnikovega kečapa (catsup)*

*30 ml / 2 žlici sojine omake*

*45 ml / 3 žlice slivove omake*

*5 ml / 1 čajna žlička karija v prahu*

*5 ml / 1 žlička paprike*

*2,5 ml / ½ žličke sveže mletega popra*

*45 ml / 3 žlice arašidovega olja*

*6 mladih čebul (zelena čebula), narezanih na trakove*

*4 korenje, narezano na trakove*

Meso 30 minut mariniramo s česnom, soljo, kečapom, sojino omako, slivovo omako, karijem, papriko in poprom. Segrejte olje in na njem prepražite meso, da rahlo porjavi. Odstranite iz voka. Zelenjavo dodamo na olje in pražimo, dokler ni mehka. Meso vrnite v ponev in pred serviranjem rahlo segrejte.

*Svinjina s kozicami*

Za 6-8 oseb

*900 g / 2 lbs puste svinjine*
*30 ml / 2 žlici arašidovega olja*
*1 čebula, narezana*
*1 mlada čebula (zelena čebula), sesekljana*
*2 stroka česna, zdrobljena*
*30 ml / 2 žlici sojine omake*
*50 g oluščenih kozic, narezanih*
*(Zemlja)*
*600 ml / 1 pt / 2½ skodelice vrele vode*
*15 ml / 1 žlica sladkorja*

Zavremo lonec vode, dodamo svinjino, pokrijemo in dušimo 10 minut. Odstranite iz ponve in dobro odcedite ter narežite na kocke. Segrejte olje in na njem prepražite čebulo, mlado čebulo in česen, da rahlo porjavijo. Dodamo svinjino in pražimo, da rahlo porjavi. Dodamo sojino omako in kozice ter pražimo 1 minuto. Dodamo vrelo vodo in sladkor, pokrijemo in dušimo približno 40 minut, dokler se svinjina ne zmehča.

*Svinjina, pečena v rdečem*

Za 4 osebe

*675 g na kocke narezane puste svinjine*
*250 ml / 8 fl oz / 1 skodelica vode*
*1 rezina ingverjeve korenine, zdrobljena*
*60 ml / 4 žlice sojine omake*
*15 ml / 1 žlica riževega vina ali suhega šerija*
*5 ml / 1 žlička soli*
*10 ml / 2 žlički rjavega sladkorja*

Svinjino in vodo dajte v ponev in vodo zavrite. Dodamo ingver, sojino omako, šeri in sol, pokrijemo in dušimo 45 minut. Dodamo sladkor, meso obrnemo, pokrijemo in dušimo še 45 minut, da se svinjina zmehča.

*Svinjina v rdeči omaki*

Za 4 osebe

*30 ml / 2 žlici arašidovega olja*
*225 g svinjskih ledvic, narezanih na trakove*
*450 g / 1 lb svinjine, narezane na trakove*
*1 čebula, narezana*
*4 mlade čebule (zelena čebula), narezane na trakove*
*2 korenčka, narezana na trakove*
*1 steblo zelene, narezano na trakove*
*1 rdeča paprika, narezana na trakove*
*45 ml / 3 žlice sojine omake*
*45 ml / 3 žlice suhega belega vina*
*300 ml / ½ pt / 1¼ skodelice piščančje juhe*
*30 ml / 2 žlici slivove omake*
*30 ml / 2 žlici vinskega kisa*
*5 ml / 1 čajna žlička petih začimb v prahu*
*5 ml / 1 čajna žlička rjavega sladkorja*
*15 ml / 1 žlica koruzne moke (koruznega škroba)*
*15 ml / 1 žlica vode*

Segrejte olje in popecite ledvice 2 minuti, nato jih odstranite iz ponve. Segrejte olje in pražite svinjino, da rahlo porjavi.

Dodamo zelenjavo in pražimo 3 minute. Dodajte sojino omako, vino, juho, slivovo omako, vinski kis, pet začimb v prahu in sladkor, zavrite, pokrijte in kuhajte 30 minut, dokler ni kuhano. Dodajte ledvice. Zmešajte koruzno moko in vodo ter premešajte v ponvi. Zavremo, nato pa med mešanjem kuhamo, dokler se omaka ne zgosti.

*Svinjina z riževimi rezanci*

Za 4 osebe

*4 posušene kitajske gobe*
*100 g riževih rezancev*
*225 g puste svinjine, narezane na trakove*
*15 ml / 1 žlica koruzne moke (koruznega škroba)*
*15 ml / 1 žlica sojine omake*
*15 ml / 1 žlica riževega vina ali suhega šerija*
*45 ml / 3 žlice arašidovega olja*
*2,5 ml / ½ žličke soli*
*1 rezina ingverjeve korenine, sesekljana*
*2 stebli zelene, sesekljani*
*120 ml / 4 fl oz / ½ skodelice piščančje juhe*
*2 mladi čebuli (zelena čebula), narezani na rezine*

Gobe za 30 minut namočimo v mlačno vodo, nato jih odcedimo. Zavrzite peclje in odrežite klobuke. Rezance za 30 minut namočite v mlačno vodo, nato jih odcedite in narežite na 5 cm/2 cm velike kose. Svinjino položite v skledo. Zmešajte koruzno moko, sojino omako in vino ali šeri, prelijte čez svinjino in premešajte. Segrejte olje in za nekaj sekund popražite sol in ingver. Dodajte svinjino in pražite, dokler rahlo ne porjavi. Dodamo gobe in zeleno ter pražimo 1 minuto. Prilijemo juho, zavremo, pokrijemo in pustimo vreti 2 minuti. Dodajte rezance in segrevajte 2 minuti. Primešajte mlado čebulo in takoj postrezite.

*Bogate svinjske mesne kroglice*

Za 4 osebe

*450 g / 1 lb mlete svinjine (sesekljane)*

*100 g zdrobljenega tofuja*

*4 drobno sesekljane vodne kostanje*

*sol in sveže mlet poper*

*120 ml / 4 fl oz / ½ skodelice arašidovega olja*

*1 rezina ingverjeve korenine, sesekljana*

*600 ml / 1 čajna žlička / 2½ skodelice piščančje juhe*

*15 ml / 1 žlica sojine omake*

*5 ml / 1 čajna žlička rjavega sladkorja*

*5 ml / 1 čajna žlička riževega vina ali suhega šerija*

Zmešajte svinjino, tofu in kostanj ter začinite s soljo in poprom. Oblikujte velike kroglice. Olje segrejemo in svinjske polpete popečemo z vseh strani, da porjavijo, nato jih vzamemo iz ponve. Odcedite olje, razen 15 ml / 1 žlica in dodajte ingver, osnovo, sojino omako, sladkor in vino ali šeri. Mesne kroglice vrnite v ponev, zavrite in kuhajte 20 minut, dokler niso kuhane.

*Pečeni svinjski kotleti*

Za 4 osebe

*4 svinjske kotlete*
*75 ml / 5 žlic sojine omake*
*olje za cvrtje*
*100 g palčk zelene*
*3 mlade čebule (zelena čebula), sesekljane*
*1 rezina ingverjeve korenine, sesekljana*
*15 ml / 1 žlica riževega vina ali suhega šerija*
*120 ml / 4 fl oz / ½ skodelice piščančje juhe*
*sol in sveže mlet poper*
*5 ml / 1 čajna žlička sezamovega olja*

Svinjske kotlete potopite v sojino omako, dokler niso dobro prevlečeni. Olje segrejemo in rebrca zlato rjavo popečemo. Odstranite in dobro odcedite. Zeleno razporedimo po dnu globokega krožnika. Potresemo s mlado čebulo in ingverjem ter na vrh položimo svinjske kotlete. Prilijemo vino ali šeri in juho ter začinimo s soljo in poprom. Pokapljamo s sezamovim oljem. Pečemo v predhodno ogreti pečici na 200°C / 400°C / termostat 6 15 minut.

*začinjena svinjina*

Za 4 osebe

*1 kumara, narezana na kocke*
*sol*
*450 g / 1 lb puste svinjine, narezane na kocke*
*5 ml / 1 žlička soli*
*45 ml / 3 žlice sojine omake*
*30 ml / 2 žlici riževega vina ali suhega šerija*
*30 ml / 2 žlici koruzne moke (koruzni škrob)*
*15 ml / 1 žlica rjavega sladkorja*
*60 ml / 4 žlice arašidovega olja*
*1 rezina ingverjeve korenine, sesekljana*
*1 strok česna, sesekljan*
*1 rdeča paprika, brez semen in narezana*
*60 ml / 4 žlice piščančje juhe*

Kumare potresemo s soljo in odstavimo. Zmešajte svinjino, sol, 15 ml/1 žlico sojine omake, 15 ml/1 žlico vina ali šerija, 15 ml/1 žlico koruzne moke, rjavi sladkor in 15 ml/1 žlico olja. Pustite počivati 30 minut, nato meso odstranite iz marinade. Segrejte preostalo olje in prepražite svinjino, da rahlo porjavi. Dodamo ingver, česen in čili ter pražimo 2 minuti. Dodamo kumare in pražimo 2 minuti. Zmešajte juho in preostalo sojino omako, vino ali šeri in koruzno moko v marinado. Vse skupaj združite v ponvi in med mešanjem zavrite. Med mešanjem pustimo vreti,

*Spolzke svinjske rezine*

Za 4 osebe

*225 g puste svinjine, narezane na rezine*
*2 beljaka*
*15 ml / 1 žlica koruzne moke (koruznega škroba)*
*45 ml / 3 žlice arašidovega olja*
*50 g / 2 oz bambusovih poganjkov, narezanih*
*6 mladih čebul (zelena čebula), sesekljanih*
*2,5 ml / ½ žličke soli*
*15 ml / 1 žlica riževega vina ali suhega šerija*
*150 ml / ¼ pt / velikodušne ½ skodelice piščančje juhe*

Svinjino premešajte z jajčnimi beljaki in koruzno moko, dokler ni dobro prekrita. Segrejte olje in prepražite svinjino, da rahlo porjavi, nato jo odstranite iz ponve. Dodamo bambusove poganjke in mlado čebulo ter pražimo 2 minuti. Svinjino vrnite v ponev s soljo, vinom ali šerijem in piščančjo juho. Zavremo in med mešanjem kuhamo 4 minute, dokler ni svinjina kuhana.

*Svinjina s špinačo in korenjem*

Za 4 osebe

*225 g puste svinjine*
*2 korenčka, narezana na trakove*
*225 g špinače*
*45 ml / 3 žlice arašidovega olja*
*1 mlada čebula (zelena čebula), drobno sesekljana*
*15 ml / 1 žlica sojine omake*
*2,5 ml / ½ žličke soli*
*10 ml / 2 žlički koruzne moke (koruznega škroba)*
*30 ml / 2 žlici vode*

Svinjino narežite na tanke rezine, nato pa narežite na trakove. Korenje blanširamo približno 3 minute, nato ga odcedimo. Liste špinače prerežemo na pol. Segrejte olje in na njem popražite mlado čebulo, da postekleni. Dodajte svinjino in pražite, dokler rahlo ne porjavi. Dodamo korenje in sojino omako ter pražimo 1 minuto. Dodamo sol in špinačo ter pražimo približno 30 sekund, dokler se ne začne mehčati. Zmešajte koruzno moko in vodo, dokler ne nastane pasta, jo zmešajte z omako in pražite, dokler ne postane bistra, nato pa takoj postrezite.

*Dušena svinjina*

Za 4 osebe

*450 g / 1 lb puste svinjine, narezane na kocke*
*120 ml / 4 fl oz / ½ skodelice sojine omake*
*120 ml / 4 fl oz / ½ skodelice riževega vina ali suhega šerija*
*15 ml / 1 žlica rjavega sladkorja*

Zmešajte vse sestavine in jih dajte v toplotno odporno skledo. Kuhajte na žaru nad vrelo vodo približno 1 uro in pol, dokler ni kuhan.

## Pražena svinjina

*Za 4 osebe*

*25 g / 1 oz posušenih kitajskih gob*
*15 ml / 1 žlica arašidovega olja*
*450 g / 1 lb puste svinjine, narezane na rezine*
*1 zelena paprika, narezana na kocke*
*15 ml / 1 žlica sojine omake*
*15 ml / 1 žlica riževega vina ali suhega šerija*
*5 ml / 1 žlička soli*
*5 ml / 1 čajna žlička sezamovega olja*

Gobe za 30 minut namočimo v mlačno vodo, nato jih odcedimo. Zavrzite peclje in narezane klobuke. Segrejte olje in prepražite svinjino, da rahlo porjavi. Začinimo s poprom in pražimo 1 minuto. Dodamo gobe, sojino omako, vino ali šeri in sol ter pražimo nekaj minut, da je meso pečeno. Pred serviranjem vmešajte sezamovo olje.

## Svinjina s sladkim krompirjem

Za 4 osebe

*olje za cvrtje*
*2 velika sladka krompirja, narezana na rezine*
*30 ml / 2 žlici arašidovega olja*
*1 rezina ingverjeve korenine, narezana na rezine*
*1 čebula, narezana*
*450 g / 1 lb puste svinjine, narezane na kocke*
*15 ml / 1 žlica sojine omake*
*2,5 ml / ½ žličke soli*
*sveže mlet poper*
*250 ml / 8 fl oz / 1 skodelica piščančje juhe*
*30 ml / 2 žlici karija v prahu*

Olje segrejemo in sladki krompir zlato rjavo prepražimo. Odstranite iz ponve in dobro odcedite. Segrejte arašidovo (arašidovo) olje in prepražite ingver in čebulo, da rahlo porjavita. Dodajte svinjino in pražite, dokler rahlo ne porjavi. Dodamo sojino omako, sol in ščepec popra, nato vmešamo osnovo in kari, zavremo in med mešanjem pustimo vreti 1 minuto. Dodamo pražen krompir, pokrijemo in dušimo 30 minut, da se svinjina skuha.

*Sladko-kisla svinjina*

Za 4 osebe

*450 g / 1 lb puste svinjine, narezane na kocke*

*15 ml / 1 žlica riževega vina ali suhega šerija*

*15 ml / 1 žlica arašidovega olja*

*5 ml / 1 čajna žlička karija v prahu*

*1 jajce, pretepeno*

*sol*

*100 g koruzne moke (koruznega škroba)*

*olje za cvrtje*

*1 strok česna, zdrobljen*

*75 g / 3 oz / ½ skodelice sladkorja*

*50 g paradižnikovega kečapa (ketchup)*

*5 ml / 1 čajna žlička vinskega kisa*

*5 ml / 1 čajna žlička sezamovega olja*

Svinjino zmešajte z vinom ali šerijem, oljem, karijem, jajcem in malo soli. Mešajte koruzno moko, dokler se svinjina ne prekrije s testom. Olje segrejte, da se zakadi, nato pa nekajkrat dodajte svinjske kocke. Pražite približno 3 minute, nato odcedite in odstavite. Olje segrejemo in kocke ponovno pražimo približno 2 minuti. Odstranite in odcedite. Segrevajte česen, sladkor, kečap in vinski kis ter mešajte, dokler se sladkor ne raztopi. Zavremo, nato dodamo svinjske kocke in dobro premešamo. Vmešajte sezamovo olje in postrezite.

*Solena svinjina*

Za 4 osebe

*30 ml / 2 žlici arašidovega olja*
*450 g / 1 lb puste svinjine, narezane na kocke*
*3 mlade čebule (zelena čebula), narezane na rezine*
*2 stroka česna, zdrobljena*
*1 rezina ingverjeve korenine, sesekljana*
*250 ml / 8 fl oz / 1 skodelica sojine omake*
*30 ml / 2 žlici riževega vina ali suhega šerija*
*30 ml / 2 žlici rjavega sladkorja*
*5 ml / 1 žlička soli*
*600 ml / 1 pt / 2½ skodelice vode*

Segrejte olje in pražite svinjino do zlato rjave barve. Odlijemo odvečno olje, dodamo mlado čebulo, česen in ingver ter pražimo 2 minuti. Dodamo sojino omako, vino ali šeri, sladkor in sol ter dobro premešamo. Prilijemo vodo, zavremo, pokrijemo in pustimo vreti 1 uro.

*Svinjina s tofujem*

Za 4 osebe

*450 g / 1 funt puste svinjine*
*45 ml / 3 žlice arašidovega olja*
*1 čebula, narezana*
*1 strok česna, zdrobljen*
*225 g na kocke narezanega tofuja*
*375 ml piščančje juhe*
*15 ml / 1 žlica rjavega sladkorja*
*60 ml / 4 žlice sojine omake*
*2,5 ml / ½ žličke soli*

Svinjino položite v ponev in pokrijte z vodo. Zavremo in pustimo vreti 5 minut. Odcedite in pustite, da se ohladi, nato narežite na kocke.

Segrejte olje in na njem prepražite čebulo in česen, da rahlo porjavita. Dodamo svinjino in pražimo, da rahlo porjavi. Dodajte tofu in nežno premešajte, dokler ni prekrit z oljem. Dodajte juho, sladkor, sojino omako in sol, zavrite, pokrijte in kuhajte približno 40 minut, dokler se svinjina ne zmehča.

*Mehka ocvrta svinjina*

Za 4 osebe

*225 g svinjskega fileja, narezanega na kocke*

*1 beljak*

*30 ml / 2 žlici riževega vina ali suhega šerija*

*sol*

*225 g koruznega zdroba (koruzni škrob)*

*olje za cvrtje*

Svinjino zmešamo z beljakom, vinom ali šerijem in malo soli. Postopoma vmešajte toliko koruznega zdroba, da nastane gosta pasta. Segrejte olje in pražite svinjino, da porjavi, hrustljavo zunaj in mehko znotraj.

*Dvakrat kuhana svinjina*

Za 4 osebe

*225 g puste svinjine*
*45 ml / 3 žlice arašidovega olja*
*2 zeleni papriki, narezani na koščke*
*2 stroka česna, nasekljana*
*2 mladi čebuli (zelena čebula), narezani na rezine*
*15 ml / 1 žlica pikantne fižolove omake*
*15 ml / 1 žlica piščančje juhe*
*5 ml / 1 žlička sladkorja*

Kos svinjine položite v ponev, pokrijte z vodo, zavrite in kuhajte 20 minut, dokler ni kuhan. Odstranite in odcedite ter pustite, da se ohladi. Tanko narežite.

Segrejte olje in prepražite svinjino, da rahlo porjavi. Dodamo papriko, česen in mlado čebulo ter pražimo 2 minuti. Odstranite iz ponve. V ponev dodajte fižolovo omako, juho in sladkor ter med mešanjem dušite 2 minuti. Vrnite svinjino in papriko ter prepražite, dokler ni vroče. Postrezite takoj.

*svinjina z zelenjavo*

Za 4 osebe

*2 stroka česna, zdrobljena*

*5 ml / 1 žlička soli*

*2,5 ml / ½ žličke sveže mletega popra*

*30 ml / 2 žlici arašidovega olja*

*30 ml / 2 žlici sojine omake*

*225 g cvetov brokolija*

*200 g cvetov cvetače*

*1 rdeča paprika, narezana na kocke*

*1 čebula, sesekljana*

*2 pomaranči, olupljeni in narezani na kocke*

*1 kos pecljatega ingverja, nasekljan*

*30 ml / 2 žlici koruzne moke (koruzni škrob)*

*300 ml / ½ pt / 1¼ skodelice vode*

*20 ml / 2 žlici vinskega kisa*

*15 ml / 1 žlica medu*

*ščepec mletega ingverja*

*2,5 ml / ½ žličke kumine*

V meso strt česen, sol in poper. Segrejte olje in prepražite meso, da rahlo porjavi. Odstranite iz ponve. V ponev dodajte sojino omako in zelenjavo ter pražite, dokler ni mehka, a še vedno hrustljava. Dodajte pomaranče in ingver. Zmešajte koruzno moko in vodo ter v ponvi zmešajte z vinskim kisom, medom, ingverjem in kumino. Zavremo in med mešanjem pustimo vreti 2 minuti. Svinjino vrnite v ponev in pred serviranjem ponovno segrejte.

*Svinjina z orehi*

Za 4 osebe

*50 g / 2 oz / ½ skodelice orehov*
*225 g puste svinjine, narezane na trakove*
*30 ml / 2 žlici navadne moke (za vse namene)*
*30 ml / 2 žlici rjavega sladkorja*
*30 ml / 2 žlici sojine omake*
*olje za cvrtje*
*15 ml / 1 žlica arašidovega olja*

Orehe blanširajte v vreli vodi 2 minuti, nato jih odcedite. Svinjino zmešajte z moko, sladkorjem in 15 ml/1 žlico sojine omake do gladkega. Segrejte olje in pražite svinjino, da postane hrustljava in zlato zapečena. Odcedimo na papirnatih brisačah. Segrejte arašidovo (arašidovo) olje in oreščke prepražite do zlato rjave barve. Dodajte svinjino v ponev, potresite s preostalo sojino omako in pražite, dokler ni vroča.

*Svinjski cmoki*

Za 4 osebe

*450 g / 1 lb mlete svinjine (sesekljane)*
*1 mlada čebula (zelena čebula), sesekljana*
*225 g sesekljane mešanice zelenjave*
*30 ml / 2 žlici sojine omake*
*5 ml / 1 žlička soli*
*40 preoblek wonton*
*olje za cvrtje*

Segrejte ponev in prepražite svinjino in mlado čebulo, dokler rahlo ne porjavi. Odstavite z ognja in vmešajte zelenjavo, sojino omako in sol.

Wontone zložite tako, da držite kožo v dlani leve roke in z žlico v sredino stresite nekaj nadeva. Robove navlažite z jajcem in kožo zložite v trikotnik, robove zalepite. Vogale navlažite z jajcem in jih obrnite skupaj.

Segrejte olje in pražite wontončke po nekaj naenkrat do zlato rjave barve. Pred serviranjem dobro odcedimo.

*Svinjina z vodnim kostanjem*

Za 4 osebe

*45 ml / 3 žlice arašidovega olja*
*1 strok česna, zdrobljen*
*1 mlada čebula (zelena čebula), sesekljana*
*1 rezina ingverjeve korenine, sesekljana*
*225 g puste svinjine, narezane na trakove*
*100 g vodnega kostanja, narezanega na tanke rezine*
*45 ml / 3 žlice sojine omake*
*15 ml / 1 žlica riževega vina ali suhega šerija*
*5 ml / 1 žlička koruzne moke (koruznega škroba)*

Segrejte olje in na njem prepražite česen, mlado čebulo in ingver, da rahlo porjavijo. Dodajte svinjino in jo pražite 10 minut, dokler ne porjavi. Dodamo vodni kostanj in pražimo 3 minute. Dodamo ostale sestavine in pražimo 3 minute.

## Wonton iz svinjine in kozic

Za 4 osebe

*225 g / 8 oz mlete svinjine (mlete)*
*2 mladi čebuli (zelena čebula), sesekljani*
*100 g mešane zelenjave, sesekljane*
*100 g sesekljanih gob*
*225 g oluščenih kozic, narezanih*
*15 ml / 1 žlica sojine omake*
*2,5 ml / ½ žličke soli*
*40 preoblek wonton*
*olje za cvrtje*

Segrejte ponev in prepražite svinjino in mlado čebulo, dokler rahlo ne porjavi. Vključite druge sestavine.

Wontone zložite tako, da držite kožo v dlani leve roke in z žlico v sredino stresite nekaj nadeva. Robove navlažite z jajcem in kožo zložite v trikotnik, robove zalepite. Vogale navlažite z jajcem in jih obrnite skupaj.

Segrejte olje in pražite wontončke po nekaj naenkrat do zlato rjave barve. Pred serviranjem dobro odcedimo.

*Parjene mlete mesne kroglice*

Za 4 osebe

*2 stroka česna, zdrobljena*
*2,5 ml / ½ žličke soli*
*450 g / 1 lb mlete svinjine (sesekljane)*
*1 čebula, sesekljana*
*1 rdeča paprika, sesekljana*
*1 zelena paprika, sesekljana*
*2 kosa nasekljanega pecljatega ingverja*
*5 ml / 1 čajna žlička karija v prahu*
*5 ml / 1 žlička paprike*
*1 jajce, pretepeno*
*45 ml / 3 žlice koruzne moke (koruznega škroba)*
*50 g kratkozrnatega riža*
*sol in sveže mlet poper*
*60 ml / 4 žlice sesekljanega drobnjaka*

Zmešajte česen, sol, svinjino, čebulo, papriko, ingver, curry in papriko. Jajce vmešajte v mešanico s koruznim škrobom in rižem. Začinite s soljo in poprom ter vmešajte drobnjak. Z mokrimi rokami oblikujte zmes v majhne kroglice. Postavite jih v košaro za soparo, pokrijte in kuhajte v vreli vodi 20 minut, dokler niso kuhani.

*Zarebrnice z omako iz črnega fižola*

Za 4 osebe

*900 g svinjskih reber*
*2 stroka česna, zdrobljena*
*2 mladi čebuli (zelena čebula), sesekljani*
*30 ml / 2 žlici omake iz črnega fižola*
*30 ml / 2 žlici riževega vina ali suhega šerija*
*15 ml / 1 žlica vode*
*30 ml / 2 žlici sojine omake*
*15 ml / 1 žlica koruzne moke (koruznega škroba)*
*5 ml / 1 žlička sladkorja*
*120 ml / 4 fl oz ½ skodelice vode*
*30 ml / 2 žlici olja*
*2,5 ml / ½ žličke soli*
*120 ml / 4 fl oz / ½ skodelice piščančje juhe*

Rebra na 2,5 cm/1 narežemo na kose. Zmešajte česen, mlado čebulo, omako iz črnega fižola, vino ali šeri, vodo in 15 ml/1 žlico sojine omake. Preostalo sojino omako zmešajte s koruznim škrobom, sladkorjem in vodo. Segrejemo olje in sol ter zarebrnice zlato rjavo popečemo. Odcedite olje. Dodajte mešanico česna in pražite 2 minuti. Prilijemo juho, zavremo, pokrijemo in pustimo vreti 4 minute. Vmešajte mešanico koruznega zdroba in med mešanjem dušite, dokler se omaka ne zbistri in zgosti.

*Rebrca na žaru*

Za 4 osebe

*3 stroki česna, strti*
*75 ml / 5 žlic sojine omake*
*60 ml / 4 žlice hoisin omake*
*60 ml / 4 žlice riževega vina ali suhega šerija*
*45 ml / 3 žlice rjavega sladkorja*
*30 ml / 2 žlici paradižnikove omake (testenine)*
*900 g svinjskih reber*
*15 ml / 1 žlica medu*

Zmešajte česen, sojino omako, omako hoisin, vino ali šeri, rjavi sladkor in paradižnikovo mezgo, prelijte čez rebra, pokrijte in marinirajte čez noč.

Zarebrnice odcedimo in jih razporedimo po rešetki v lonec z malo vode pod njimi. Pečemo v predhodno ogreti pečici na 180 °C / 350 °F / termostat 4 45 minut, občasno polivamo z marinado, prihranimo 30 ml / 2 žlici marinade. Prihranjeno marinado zmešajte z medom in namažite rebra. Pecite ali pecite (pečete na žaru) pod vročim brojlerjem približno 10 minut.

*Javorjeva rebra na žaru*

Za 4 osebe

*900 g svinjskih reber*

*60 ml / 4 žlice javorjevega sirupa*

*5 ml / 1 žlička soli*

*5 ml / 1 žlička sladkorja*

*45 ml / 3 žlice sojine omake*

*15 ml / 1 žlica riževega vina ali suhega šerija*

*1 strok česna, zdrobljen*

Rebra narežite na 5 cm/2 cm velike kose in jih položite v skledo. Vse sestavine zmešamo, dodamo rebra in dobro premešamo. Pokrijte in pustite marinirati čez noč. Pecite (pecite) ali pražite na srednjem ognju približno 30 minut.

*Ocvrta rebra*

Za 4 osebe

900 g svinjskih reber

120 ml / 4 fl oz / ½ skodelice kečapa (catsup)

120 ml / 4 fl oz / ½ skodelice vinskega kisa

60 ml / 4 žlice mangovega čatnija

45 ml / 3 žlice riževega vina ali suhega šerija

2 stroka česna, nasekljana

5 ml / 1 žlička soli

45 ml / 3 žlice sojine omake

30 ml / 2 žlici medu

15 ml / 1 žlica blagega karija v prahu

15 ml / 1 žlica paprike

olje za cvrtje

60 ml / 4 žlice sesekljanega drobnjaka

Rebra damo v skledo. Vse sestavine razen olja in drobnjaka zmešamo, prelijemo čez rebra, pokrijemo in pustimo marinirati vsaj 1 uro. Olje segrejemo in rebrca hrustljavo popečemo. Postrežemo potreseno z drobnjakom.

*Zarebrnice s porom*

Za 4 osebe

*450 g / 1 lb svinjskih reber*

*olje za cvrtje*

*250 ml / 8 fl oz / 1 skodelica juhe*

*30 ml / 2 žlici paradižnikovega kečapa (catsup)*

*2,5 ml / ½ žličke soli*

*2,5 ml / ½ žličke sladkorja*

*2 pora, narezana na koščke*

*6 mladih čebul (zelena čebula), narezanih na koščke*

*50 g / 2 oz cvetov brokolija*

*5 ml / 1 čajna žlička sezamovega olja*

Rebra narežemo na 5 cm / 2 kosa. Segrejemo olje in pražimo rebra toliko časa, da porjavijo. Odstranite jih iz ponve in vlijte vse razen 30 ml / 2 žlici olja. Dodamo juho, kečap, sol in sladkor, zavremo in pustimo vreti 1 minuto. Rebrca vrnite v ponev in jih dušite približno 20 minut, dokler se ne zmehčajo.

Medtem segrejte še 30 ml / 2 žlici olja in na njem približno 5 minut pražite por, mlado čebulo in brokoli. Pokapljamo s sezamovim oljem in razporedimo po toplem servirnem krožniku. Na sredino naložite rebra in omako ter postrezite.

*Zarebrnice z gobami*

Za 4-6 oseb

*6 posušenih kitajskih gob*
*900 g svinjskih reber*
*2 stroka zvezdastega janeža*
*45 ml / 3 žlice sojine omake*
*5 ml / 1 žlička soli*
*15 ml / 1 žlica koruzne moke (koruznega škroba)*

Gobe za 30 minut namočimo v mlačno vodo, nato jih odcedimo. Zavrzite peclje in odrežite klobuke. Rebra narežemo na 5cm/2 kose. Zavremo lonec vode, dodamo rebra in pustimo vreti 15 minut. Dobro odcedite. Rebrca vrnite v ponev in jih prelijte s hladno vodo. Dodamo gobe, zvezdasti janež, sojino omako in sol. Zavremo, pokrijemo in pustimo vreti približno 45 minut, da se meso zmehča. Koruzni zdrob zmešamo z malo hladne vode, stresemo v ponev in med mešanjem dušimo toliko časa, da se omaka zbistri in zgosti.

## Oranžna rebra

Za 4 osebe

*900 g svinjskih reber*
*5 ml / 1 žlička naribanega sira*
*5 ml / 1 žlička koruzne moke (koruznega škroba)*
*45 ml / 3 žlice riževega vina ali suhega šerija*
*sol*
*olje za cvrtje*
*15 ml / 1 žlica vode*
*2,5 ml / ½ žličke sladkorja*
*15 ml / 1 žlica paradižnikove mezge (testenine)*
*2,5 ml / ½ žličke čilijeve omake*
*naribana lupinica 1 pomaranče*
*1 pomaranča, narezana na rezine*

Rebra narežite na koščke in jih premešajte s sirom, koruzno moko, 5 ml/1 žličko vina ali šerija in ščepcem soli. Pustite, da se marinira 30 minut. Segrejte olje in pecite rebrca približno 3 minute do zlato rjave barve. V voku segrejte 15 ml / 1 žlico olja, dodajte vodo, sladkor, paradižnikovo mezgo, čilijevo omako, pomarančno lupinico in preostalo vino ali šeri ter na ognju mešajte 2 minuti. . Dodajte svinjino in premešajte, dokler ni dobro prevlečena. Prestavimo na topel servirni krožnik in postrežemo okrašeno z rezinami pomaranče.

*Ananasova rebra*

Za 4 osebe

900 g svinjskih reber

600 ml / 1 pt / 2½ skodelice vode

30 ml / 2 žlici arašidovega olja

2 stroka česna, drobno sesekljana

200 g konzerviranih koščkov ananasa v sadnem soku

120 ml / 4 fl oz / ½ skodelice piščančje juhe

60 ml / 4 žlice vinskega kisa

50 g / 2 oz / ¼ skodelice rjavega sladkorja

15 ml / 1 žlica sojine omake

15 ml / 1 žlica koruzne moke (koruznega škroba)

3 mlade čebule (zelena čebula), sesekljane

Svinjino in vodo damo v ponev, zavremo, pokrijemo in pustimo vreti 20 minut. Dobro odcedite.

Segrejte olje in na njem prepražite česen, da rahlo zlate barve. Dodajte rebra in pražite, dokler niso dobro prekrita z oljem. Koščke ananasa odcedimo in v ponev dodamo 120 ml soka skupaj z osnovo, vinskim kisom, sladkorjem in sojino omako. Zavremo, pokrijemo in pustimo vreti 10 minut. Dodamo odcejen ananas. Koruzni zdrob zmešamo z malo vode, dodamo omaki in med mešanjem dušimo toliko časa, da se omaka zbistri in zgosti. Postrežemo posuto z mlado čebulo.

## Hrustljava rebrca kozic

Za 4 osebe

*900 g svinjskih reber*

*450 g / 1 funt olupljenih kozic*

*5 ml / 1 žlička sladkorja*

*sol in sveže mlet poper*

*30 ml / 2 žlici navadne moke (za vse namene)*

*1 jajce, rahlo stepeno*

*100 g drobtin*

*olje za cvrtje*

Rebra narežemo na 5 cm / 2 kosa, odstranimo del mesa in ga nasekljamo s kozicami, sladkorjem, soljo in poprom. Vmešajte moko in toliko jajc, da postane zmes lepljiva. Kose reber zdrobimo in jih potresemo z drobtinami. Segrejte olje in pecite rebrca, dokler ne poplavajo. Dobro odcedimo in vroče postrežemo.

*Rebrca v riževem vinu*

Za 4 osebe

*900 g svinjskih reber*
*450 ml / ¾ pt / 2 skodelici vode*
*60 ml / 4 žlice sojine omake*
*5 ml / 1 žlička soli*
*30 ml / 2 žlici riževega vina*
*5 ml / 1 žlička sladkorja*

Rebra narežite na 1/1-palčne kose. Postavite v ponev z vodo, sojino omako in soljo, zavrite, pokrijte in pustite vreti 1 uro. Dobro odcedite. Segrejte ponev in dodajte rebra, riževo vino in sladkor. Pražimo na močnem ognju, dokler tekočina ne izpari.

*Svinjski kotleti s sezamom*

Za 4 osebe

*900 g svinjskih reber*
*1 jajce*
*30 ml / 2 žlici navadne moke (za vse namene)*
*5 ml / 1 žlička krompirjevega škroba*
*45 ml / 3 žlice vode*
*olje za cvrtje*
*30 ml / 2 žlici arašidovega olja*
*30 ml / 2 žlici paradižnikovega kečapa (catsup)*
*30 ml / 2 žlici rjavega sladkorja*
*10 ml / 2 žlički vinskega kisa*
*45 ml / 3 žlice sezamovih semen*
*4 listi zelene solate*

Rebra narežite na 10 cm / 4 cm velike kose in jih položite v skledo. Jajce zmešamo z moko, krompirjevim škrobom in vodo, vmešamo zarebrnice in pustimo stati 4 ure.

Segrejte olje in zarebrnice zlato rjavo popecite, nato jih odstranite in odcedite. Segrejte olje in na njem nekaj minut pražite kečap, rjavi sladkor in vinski kis. Dodajte rebra in pražite, dokler niso popolnoma prekrita. Potresemo s sezamovimi semeni in pražimo 1 minuto. Solatne liste razporedimo po toplem servirnem krožniku, okrasimo z rebrci in postrežemo.

*Sladko-kisla rebra*

Za 4 osebe

900 g svinjskih reber

600 ml / 1 pt / 2½ skodelice vode

30 ml / 2 žlici arašidovega olja

2 stroka česna, zdrobljena

5 ml / 1 žlička soli

100 g / 4 oz / ½ skodelice rjavega sladkorja

75 ml / 5 žlic piščančje juhe

60 ml / 4 žlice vinskega kisa

100 g / 4 oz konzerviranega ananasa, narezanega na koščke v sirupu

15 ml / 1 žlica paradižnikove mezge (testenine)

15 ml / 1 žlica sojine omake

15 ml / 1 žlica koruzne moke (koruznega škroba)

30 ml / 2 žlici posušenega kokosa

Svinjino in vodo damo v ponev, zavremo, pokrijemo in pustimo vreti 20 minut. Dobro odcedite.

Segrejte olje in prepražite rebra s česnom in soljo do zlato rjave barve. Dodamo sladkor, juho in vinski kis ter zavremo. Ananas odcedimo in v ponev dodamo 30 ml / 2 žlici sirupa skupaj s paradižnikovo mezgo, sojino omako in koruzno moko. Dobro premešamo in med mešanjem dušimo toliko časa, da se omaka zbistri in zgosti. Dodamo ananas, dušimo 3 minute in postrežemo posuto s kokosom.

## Pražena rebra

*Za 4 osebe*

*900 g svinjskih reber*
*1 jajce, pretepeno*
*5 ml / 1 žlička sojine omake*
*5 ml / 1 žlička soli*
*10 ml / 2 žlički koruzne moke (koruznega škroba)*
*10 ml / 2 žlički sladkorja*
*60 ml / 4 žlice arašidovega olja*
*250 ml / 8 fl oz / 1 skodelica vinskega kisa*
*250 ml / 8 fl oz / 1 skodelica vode*
*250 ml / 8 fl oz / 1 skodelica riževega vina ali suhega šerija*

Rebra damo v skledo. Jajce zmešamo s sojino omako, soljo, polovico koruznega škroba in polovico sladkorja, dodamo rebrcem in dobro premešamo. Olje segrejemo in rebrca zlato rjavo popečemo. Dodamo ostale sestavine, zavremo in pustimo vreti, da tekočina skoraj izhlapi.

*Zarebrnice s paradižnikom*

Za 4 osebe

*900 g svinjskih reber*
*75 ml / 5 žlic sojine omake*
*30 ml / 2 žlici riževega vina ali suhega šerija*
*2 stepena jajca*
*45 ml / 3 žlice koruzne moke (koruznega škroba)*
*olje za cvrtje*
*45 ml / 3 žlice arašidovega olja*
*1 čebula, narezana na tanke rezine*
*250 ml / 8 fl oz / 1 skodelica piščančje juhe*
*60 ml / 4 žlice paradižnikovega kečapa (catsup)*
*10 ml / 2 žlički rjavega sladkorja*

Rebra na 2,5 cm/1 narežemo na kose. Zmešajte s 60 ml / 4 žlice sojine omake in vinom ali šerijem ter marinirajte 1 uro, občasno premešajte. Odcedite in zavrzite marinado. Rebra premažite z jajcem in nato s koruzno moko. Olje segrejemo in na njem po nekaj zarebrnic ocvremo do zlato rjave barve. Dobro odcedite. Segrejte arašidovo (arašidovo) olje in prepražite čebulo, da postekleni. Dodamo juho, preostanek sojine omake, kečap in rjavi sladkor ter med mešanjem dušimo 1 minuto. Dodamo rebra in dušimo 10 minut.

## BBQ svinjska pečenka

Za 4-6 oseb

*1,25 kg svinjskega plečeta brez kosti*
*2 stroka česna, zdrobljena*
*2 mladi čebuli (zelena čebula), sesekljani*
*250 ml / 8 fl oz / 1 skodelica sojine omake*
*120 ml / 4 fl oz / ½ skodelice riževega vina ali suhega šerija*
*100 g / 4 oz / ½ skodelice rjavega sladkorja*
*5 ml / 1 žlička soli*

Svinjino dajte v skledo. Preostale sestavine zmešamo, prelijemo po svinjini, pokrijemo in pustimo marinirati 3 ure. Svinjino in marinado prenesite v pekač in pecite v predhodno ogreti pečici na 200°C / 400°F / termostat 6 10 minut. Znižajte temperaturo na 160 °C / 325 °F / termostat 3 za 1 1/2 ure, dokler ni svinjina pečena.

www.ingramcontent.com/pod-product-compliance
Lightning Source LLC
Chambersburg PA
CBHW070410120526
44590CB00014B/1335